NICOLAS MEYER

Die Kosaken

Die Geschichte einer Legende

VERLAG RÜDIGER FLOCK · KÖLN

Druck: Flock-Druck, Heinz Flock GmbH
Melatengürtel 109, 50825 Köln (Ehrenfeld)

ISBN: 3-9802867-1-1
2. Auflage 1995

Die Kosaken

Die Geschichte einer Legende

Vorwort

Meine langjährige Zusammenarbeit mit Kosakenchören und -ensembles führte mich eines Tages während einer Konzertreise durch Österreich in das Drautal nach Lienz. Vor dem Konzert besuchten wir den dort befindlichen Kosakenfriedhof, wobei mir die Idee kam, dieses Ihnen nun vorliegende Buch zu veröffentlichen – eine Aufklärung über das vergessene Schicksal der Kosaken.

Da mir die Zeit und die Ruhe fehlte, eine detaillierte Dokumentation über die Ereignisse des Jahres 1945 sowie deren Vorgeschichte zu schreiben, fragte ich meinen ehemaligen Mitarbeiter Nicolas Meyer, ob er Interesse an diesem Thema habe.

Nicolas Meyer, heute als Rechtsanwalt tätig, griff diese Idee begeistert auf, da er sich schon immer mit der Auswirkung von historischen Ereignissen auf die Gegenwart auseinandergesetzt hatte. Sein eigenes Bild über die Kosaken zu diesem Zeitpunkt glich dem, welches zu Beginn des Buches geschildert wird; Kosaken als zaristische Polizeitruppe oder folkloristische Tänzer.

Mühselige Recherchen folgten; längst nicht mehr erhältliche Bücher und Dokumentationen wurden gesucht.

Nun liegt das Resultat einer einjährigen Arbeit vor Ihnen.

Köln, im Oktober 1990

Dirk Koch-Gadow

Dunkle Reiter mit bleibeschwerten Peitschen und blitzenden Säbeln, die über die weite Steppe galoppieren oder in einer russischen Stadt eine aufbegehrende Menschenmenge auseinander treiben;

lebenslustige Tänzer, die herumwirbeln und akrobatische Luftsprünge vollführen oder melancholische Gesänge zum Spiel der Balalaika anstimmen...

Bilder, die bei der bloßen Erwähnung des Wortes Kosaken auftauchen, Vorstellungen, die zwar das Verständnis der Geschichte dieses Volkes erschweren, jedoch nicht nur als bloße Legendenbildung abgetan werden können, sondern tatsächlich einen Teil dieser Geschichte darstellen.

Der freie Mann

Der Name "Kosak" ist tatarischen Ursprungs und bezeichnete nicht nur den freien, unabhängigen Mann, sondern auch den Abenteurer und Vagabunden. Unter dem Sammelbegriff der Tataren faßte das Abendland des frühen Mittelalters die Steppenvölker Zentralasiens, Nomaden mit ausgereiftem Wanderhirtentum, zusammen.

Erstmalig als Kosaken wurden tatarische Kleintruppen bezeichnet, die entweder im Dienst des Moskauer Reiches oder eines Fürsten der Krim standen. Erst gegen Ende des 15. Jahrhunderts sollten diese Kosaken nicht mehr nur eine besondere Reitertruppe sein, sondern das Kosakentum selbst zu einer unverwechselbaren Daseinsform werden. In den riesigen Grassteppen am Dnjepr und Don, dem Grenzland zwischen dem Moskauer Großreich im Norden, dem polnisch-litauischen Staat im Westen und den Tataren im Süden und Osten sammelten sich immer mehr Menschen an, die den Bojaren, Steuereintreibern oder ihren Gläubigern entflohen. Sie schlossen sich zu kleinen Gemeinschaften zusammen und begannen, im stetigen Kampf mit den Tataren, den Handel zu Land und auf den Flüssen zu kontrollieren. Angesiedelt in diesem Niemandsland, profilierten sich die Kosaken gerade für den Großfürsten in Moskau als Wächter im Streifen zwischen russischem und tatarischem Hoheitsbereich.

In diesem Machtvakuum konnten sie sich von jeglichem fürstlichen Hoheitsanspruch lösen, weil sie von diesen als Puffer gebraucht wurden. In den traditionellen Erzählungen, Sagen und Gesängen der Kosaken bezeichnet ein Wort daher beinahe schon eine gesamte Lebenseinstellung: Unabhängigkeit. Eine Unabhängigkeit, die das Volk der Kosaken tatsächlich wohl nur in der Zeit des Beginns ihrer Geschichte gehabt hat, jedoch in ihrem Verlauf stetig um sie kämpfte. Der Traum vom eigenen Staat und der Selbstbestimmung sollte nie wahr werden. Eindrucksvoll beschreibt Dr. Renovatius, Figur in dem Buch von Wolfgang Schwarz: "Kosaken, Kampf und Untergang eines Reitervolkes" (Moewig) – diese historisch für das Abendland entscheidende Situation:

"Unsere Geschichte resultiert aus den jahrhundertelangen Kämpfen Europas gegen Asien. Das ist der Schoß unserer Geschichte. Sie hat ihren Ursprung in einem Drama gigantischen Stils.

Man wird, wenn man das Drama zwischen dem 13. und 15. Jahrhundert in den Weiten Osteuropas vor Augen führt, an den Kampf des Erzengel Michael gegen Luzifer erinnert. So gewaltig sind die Gebärden der Kämpfenden – der mongolischen Chane auf der einen Seite, der europäischen Herzöge von Moskau, Kiew, Lignitz auf der anderen Seite. Diese europäischen Herzöge haben dieses Drama zu Gunsten Europas entschieden. Das ist in sämtlichen Lesebüchern Frankreichs, Italiens, Deutschlands, Polens und Rußlands nachzulesen. Aber was in diesen Büchern nicht nachzulesen ist, meine lieben Kosaken, das ist das Drama nach diesem Drama. Die Sicherung und Behauptung dieses von den europäischen Herzögen befreiten Europas gegen das neue Gelüst der mongolischen Chane, das Verlorene wieder zu besitzen. Ein in unzählige Einzeldramen verfallenes Drama. Das Drama derer, die auf der Scheidelinie riesigen Ausmaßes, vom Kaukasus bis zum Ladogasee, quer durch Rußland und Sarmatien, dieses befreite Europa gegen die immer raffinierteren Invasionen der Chane verteidigten. Das Drama der Kosaken. Unser Drama."

Zu einem ersten größeren Zusammenschluß der Kosaken kam es Mitte des 16. Jahrhunderts. Am Unterlauf des Dnjepr (hinter den Stromschnellen = Za Porogmi) wurde auf einer Insel ein festes Lager errichtet. Grundlage war ein verlassenes Fort des Fürsten Wysneweckyj, der in ukrainischen Volksliedern als Bajda fortlebt. Diese Kosaken hinter den Stromschnellen, also Saporoger Kosaken (Kosakii za porogmi), sollten in den folgenden Kämpfen zwischen Polen, Russen und Osmanen eine bedeutende Rolle spielen und schließlich endgültig unter den Bannkreis Moskaus fallen. Die Form des gesellschaftlichen Zusammenlebens auf der Insel hinter den Stromschnellen war typisch für alle folgenden kosakischen Gemeinwesen. Es war eine militärisch-demokratische Gesellschaftsform, in der in einer allgemeinen Versammlung die Führer frei gewählt wurden. Unter Aufsicht ihres Hetmans oder Atamans wurden alle wichtigen Fragen entschieden. Dieses Prinzip der Basisdemokratie wiederholte sich in allen Kosakengemeinschaften, auch wenn der spätere Führungsstil der Hetmane und Atamane meist durch äußere Einflüsse und Gegebenheiten mehr und mehr autoritär wurde. Die Kosaken lebten in ihrer gesamten Geschichte in der Gefahr, ihre Identität zu verlieren. Nur durch immer straffere und personenbezogenere Führung gelang es ihnen, bis heute ihre eigene Tradition zu bewahren, jedoch unter Verlust der individuellen Freiheit des Einzelnen – ersetzt durch die Freiheit des gesamten Volkes. Es waren auch die Saporoger Kosaken, die den Grundstein für die heute noch gültige Vorstellung der Verbundenheit der Kosakenvölker mit dem russischen Zarenreich legten. Gerade unter Iwan dem IV. (1530–1584), der den Beinamen Grosnyi (der "Schreckliche", richtiger: der "schicksalhaft Dräuende") trug, wurden die Saporoger Kosaken als Elitesoldaten angeworben. Dieser Iwan der IV. bestieg als Dreijähriger den russischen Thron und ließ sich zu Beginn seiner selbständigen Regierung 1547 demonstrativ zum Zaren krönen. In seiner Vorstellung trat Rußland damit als "drittes Rom" (neben Rom und Konstantinopel) das geschichtliche Erbe von Byzanz an. Die Russen nahmen die römische Idee der Schutzmacht des Christentums und die der All–Herrschaft für sich in Anspruch und gaben sich das Wappen des zweiköpfigen byzantinischen Adlers. Die russische als die zahlenmäßig größte orthodoxe Landeskirche begriff sich schon seit der Eroberung Konstantinopels durch die Osmanen 1453 als Schutzherrin der gesamten Orthodoxen des Orients und des Balkan.

Unter Peter Romanow (Zar Peter I., der Große; 1672–1725), der westeuropäisch erzogen und beeinflußt war, trat Rußland in den

*Zar Nikolaus II.
im Kreise seiner Familie
und Kosakenoffiziere*

*Zar Nikolaus II (1868–1918)
in Kosakenuniform*

Kreis der Großmächte Europas ein, indem es den "nordischen Alexander", König Karl XII., der die Ostsee als schwedisches Meer ansah, 1709 bei Poltawa vernichtend schlug. Schwedens Großmachtstellung, unter dem Wasa-König Gustav II. Adolf begründet, war mit dem Verlust dieser Schlacht vor der "Flohfestung" bei Poltawa besiegelt. Neun Jahre hatte der nordische Krieg bereits getobt; bis zur endgültigen Aufgabe Schwedens sollte er noch zwölf Jahre währen. Dabei hatte der Krieg zwischen Schweden und der Koalition aus Rußland, Polen, Sachsen, Dänemark, Preußen sowie Hannover so günstig begonnen und bei einem Volk in der Ukraine Hoffnung auf Freiheit und Selbständigkeit geweckt – den Kosaken.

Karl XII. war quer druch Polen nach Sachsen vorgestoßen, hatte die Russen 1700 bei Narwa besiegt, um dann in die Ukraine vorzudringen, wo die dort lebenden Kosaken unter Iwan Mazeppa sich auf die Seite der einfallenden Schweden stellten, weil sie die Chance erkannten, sich von der Oberherrschaft Moskaus zu lösen.

Geschichte wiederholt sich – die Motive der Kosaken, sich 1941 in die Reihen der deutschen Wehrmacht zu stellen, sind dieselben.

Im übrigen erfüllten die Kosaken ihre Rolle als Vorreiter des russischen Kaiserreiches nicht nur gegen die aus Asien anstürmenden Tataren, sondern auch gegen die aus Süden drängenden Türken. So galten die Kosaken zudem als erste Verteidiger des orthodoxen Glaubens gegen den islamischen Halbmond – Anfang einer Entwicklung, die schließlich 1683 vor Wien enden sollte, als das Heer des Großwesirs des osmanischen Sultans Mehemmed des IV. vernichtend geschlagen wurde und der eigentliche Erbe von Byzanz, das osmanische Reich bis in das 20. Jahrhundert hinein nur noch der kranke Mann am Bosporus war.

Die Entdeckung des Landozeans

Das folgende Kapitel soll den Kosaken gewidmet werden, die den Grundstein für die Größe des späteren Russischen Reiches und dessen Nachfolgerin, der Sowjetunion, gelegt haben – den Kosaken, die die unendliche Weite Sibiriens erforschten, eroberten und den Tataren entrissen. Schon seit dem 11. Jahrhundert hatten die Moskauer Großfürsten systematisch und gut organisiert Züge nach Osten jenseits des Urals nach Sibirien gesandt. Eine entscheidende Rolle bei der endgültigen Eroberung Sibiriens durch die Kosaken spielte dabei die russische Patrizierfamilie Stroganow, die im 16. Jahrhundert im Ural bereits großen Einfluß gewonnen hatte. 1582 rüsteten die Stroganows den Ataman Jermac Timofijew und seine Kosaken für eine Entdeckungsreise östlich des Urals aus. Quellen wissen zu berichten, daß Jermac den Auftrag der Stroganows nur annahm, um Strafexpeditionen des Zaren Iwan IV. zu entgehen, die dieser diesen "Wegelagerern" hinterher gesandt hatte. Die Kosaken des Atamans Jermac Timofijew sollen nach diesen Quellen Räuber gewesen sein, die an der Wolga Handelskarawanen und russische Gesandtschaften ausraubten und plünderten.

Zahlenmäßig unterlegen, jedoch mit Feuerwaffen, Falkonetten und Arkebusen ausgerüstet, gelang es Jermacs Kosaken, die Soldaten des tatarischen Oberherren von Sibirien, des Chans Kutschum, vernichtend zu schlagen. In der Nacht zum 26. Oktober 1582 soll Sibir, die Residenz des Tatarenführers, von den Kosaken Jermacs eingenommen worden sein. Die Tataren waren besiegt, doch die kleine Schar von Kosaken war nicht in der Lage, das Land unter Kontrolle zu bringen. Dazu wären Nachschub an Pulver und Blei, mehr Soldaten sowie Verwaltungsfachleute nötig gewesen.

Jermac wandte sich an den Mann, der ihn als Räuberer und Wegelagerer verfolgte. Iwan IV. – seinem Machtinstinkt folgend – verzieh Jermac und seinen Kosaken und nahm die Bitte an, Sibirien "unter seine hohe Zarenhand" zu nehmen. Russische Strelitzen wurden nun zur Verstärkung der vorhandenen Besatzungen nach Sibirien gesandt; die Kolonialisierung des riesigen Landozeans beginnt...

Im Jahr 1690 erreichte Kosakenataman Pantelej Pjanda, auch Penda genannt, Ostsibirien und das Wasserstraßensystem der Lena. 1692 wurde die Lena durch Kosakentruppen unter Peter Beketow stromabwärts erkundet und Jakutsk gegründet. Bereits 1643 fand der Kosak Iwan Kurbat den Baikalsee. 1699 entdeckte Iwan Moskwitin endlich die Küste des Ochotskischen Meeres. Zum ersten Mal erreichten Kosaken des Moskauer Zarenreiches den Stillen Ozean. Noch fehlte die Erkundung nach Norden und Süden; das Leiden und die Leistungen der Kosaken hielten an...

Politisch brisant wurde insbesondere die Frage, ob es im Osten Sibiriens die sagenhafte Wasserstraße – die Anjanische Straße – gab, die manche Geographen in die Karten zeichneten, oder ob Asien und das 1492 entdeckte Amerika durch eine Landbrücke miteinander verbunden waren. Für den jetzigen Zaren Peter den Großen zeichnete sich dadurch eine neue Gefahr ab. Der englische Pirat Francis Drake, der später von der englischen Königin Elisabeth I. in den Adelsstand erhoben wurde, war an der Westküste Amerikas weit nach Norden vorgestoßen. Auch die Franzosen in Kanada tasteten sich nach Westen vor. Wenn es eine Landverbindung zwischen den beiden Kontinenten gab, bestünde die Gefahr, daß Engländer oder Franzosen eines Tages in Sibirien stehen, ehe Rußland dort seine Grenzen abgesteckt hat. Es folgte die erste Kamtschatkaexpedition des dänischen Seeoffiziers Vitus Behring Ende 1725 und die Große Nordische Expedition von 1732. Zahllose weitere Fahrten folgten; Kamtschatka und die Behring-Straße wurden entdeckt – als Mannschaften immer dabei die das unwirtliche Land kennenden Kosaken. Vitus Behring galt als der Mann, der die die Kontinente Asien und Amerika trennende Anjanische Straße zuerst entdeckt hat. Erst Jahre später tauchte ein Dokument auf, in der ein Kosak namens Semjon Deshnjow von seiner Nordfahrt im Jahr 1648 berichtet. Nach seinen Angaben hatte Semjon Deshnjow, genannt Semjka, 70 Jahre vor Behring diese sagenhafte Anjanische Straße entdeckt.

1655 schrieb Semjon Deshnjow seinen Bericht, der vorerst nicht über Jakutsk hinaus bekannt wird. Die Anjanische Straße wird zu Ehren von Vitus Behring 1778 in die Behring-Straße umbenannt. Erst

1896 werden die Fahrten des Kosaken Semjka anerkannt und die äußerste Landspitze Sibiriens erhält den Namen Kap Deshnjow.

Die Eroberung und Entdeckung Sibiriens macht deutlich, daß eine Entwicklung beginnt, in deren Verlauf sich die Kosaken mit dem zaristischen Rußland identifizieren.

Jermaks Sieg für die Tataren am Irtysch

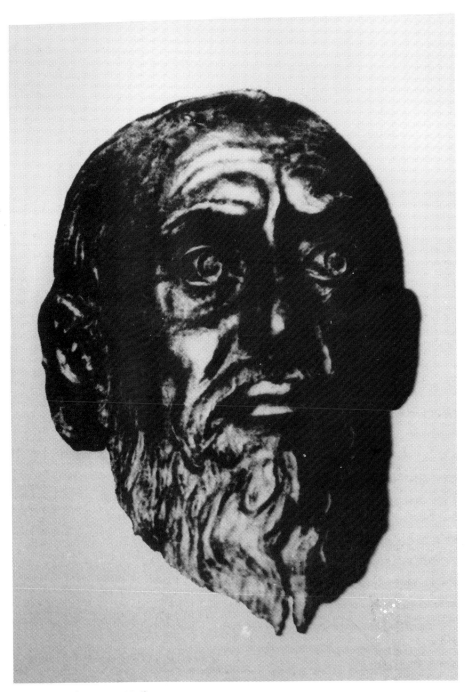

Iwan IV. (1530–1584)

Eingliederung in das Zarenreich

Das 17. Jahrhundert zeigte die Bemühungen der Russen und Polen, die Kosaken in ihre Gesellschaft einzugliedern. Obwohl die Kosaken zum einen als Elitetruppen in den Heeren der russischen Zaren und polnischen Könige dienten, kam es zum anderen bis zum Ende des 18. Jahrhunderts immer wieder – gerade im Russischen Reich – zu großen Bauernaufständen, die in ihrer Mehrheit militärisch von Kosaken geführt wurden und die den russischen Zarenthron ins Wanken brachten. Als militärische Führer derartiger Bauernaufstände wurden die Donkosaken Stenka Rasin und Jimeljan Pugatschow in der Traditionswelt der Kosaken zur Legende.

Der Aufstand des Tribun Stenka Rasin von 1667 bis 1671 wird jedoch ebenso niedergeschlagen wie die Erhebung des Donkosaken Pugatschow 1773 bis 1774. Beide wurden als Symbol für den Freiheitsdrang der Bauern in Moskau hingerichtet. Während Pugatschow in Puschkins "Hauptmannstochter" beschworen wird, lebt der Gedanke an Stenka Rasin in einer Klosterballade des 17. Jahrhunderts weiter:

Auf der Wolga breiten Fluten durch das enge Inseltor, bricht auf buntbemalten Booten Stenka Rasins Schar hervor. Auf dem ersten mit der Fürstin, einer schönen Perserin, fährt nach festlich heit'rem Male froh gestimmt er selbst dahin.
Und es geht ein leises Grollen durch der Donkosaken Reih'n, "Soll um eines Weibes Willen, uns're Not vergessen sein?"
Um den schlanken Leib der Schönen legt er fester seinen Arm; fragend blickt sie auf zu Stenka: "Winkt mir Freude oder Harm?" "Da sich zwischen freien Männern nicht um sie ein Zwist entspinn', nimm die Schöne – Wolga!–Wolga! – Mutter Wolga nimm sie hin!" Und er hebt mit kühnem Schwunge seine Fürstin über Bord, schleudert weit sie in die Fluten – und die Wolga trägt sie fort.

Nach der Niederschlagung des von Pugatschow geführten Aufstandes setzt Katharina die II. (die Große, 1729–1796) einen endgültigen

*Pugatschow als Gefangener
von Katharina II.,
hingerichtet 1775*

Schlußpunkt, als sie 1775 die mittlerweile legendären Saporoger Kosaken als Keimzelle des Aufstandes zu erkennen glaubt, diese militärisch schlägt und das Lager hinter den Stromschnellen des Dnjepr zerstört. Katharina die II. war es auch, die das kosakische Statut, welches den Kosaken ihre Autonomie als Gegenleistung für ihre Schutzfunktion als Grenztruppen gewährte, aufhob. Das Zeitalter eines wirklichen freien Kosakentums ist damit beendet. Immer mehr werden die Kosaken in das russische Gesellschaftssystem eingegliedert.

An einer völligen Zerschlagung der Kosaken hat der zaristische Thron jedoch kein Interesse. Die Herrscher in Moskau erkennen, daß die Kosaken in dem sich entwickelnden Vielvölkerstaat mit langen und unsicheren Grenzen militärpolitisch unverzichtbar sind. Die Eingliederung der Kosaken in das russische Gesellschaftssystem läßt sie zwar ihre völlige Autonomie und Freiheit verlieren, sich aber auch zu einem betont elitärem Stand mit im einzelnen definierten Pflichten und weitreichenden Privilegien entwickeln. Zu den Aufgaben der Kosaken sollte die Grenzsicherung und die Landnahme im Osten gehören. Der Militärdienst, die eigene Beschaffung der Ausrüstung, der Pferde und der Waffen gehörte bis zum Zerfall des russischen Zarenreiches in diesem Jahrhundert zu den "ehrvollen" Pflichten eines jeden Kosaken. Zugestanden wurden im Gegenzug weitreichende Sonderrechte in der Nutzung des Bodens und die Duldung einer Selbstverwaltung der kosakischen Gemeinwesen unter der Oberhoheit des russischen Thrones. So wurden nach dem Modell der bereits bestehenden Gemeinschaften ganze Kosakenarmeen geschaffen, die sich selbst ausrüsteten und verwalteten. Zu Beginn des 1. Weltkrieges im Jahre 1914 wurden elf Kosakenarmeen gezählt, die – auch geographisch getrennt – jeweils einen eigenen Staat im Staate unter Anerkennung der absoluten Vorherrschaft des Zaren in Moskau bildeten.

Die bedeutendste dieser Armeen, das "Woijsko", lebte am Don auf einem Territorium von schließlich 160.000 qkm. Nach den Angaben von Edgar M. Wenzel in seinem Buch – "So gingen die Kosaken durch die Hölle" (Wien) – waren den Donkosaken drei Millionen Hektar Ackerland zu vollem Eigentum zugewiesen, wobei sie auf ihrem Territorium die ausschließlichen Fischerei- und Jagdrechte besaßen. Alleine für den Kriegsdienst konnten die Donkosaken bei der Gene-

*Stenka 'Stephan' Rasin
(um 1630–1671)*

ralmobilmachung der russischen Armee Ende Juli 1914, am Vorabend des Ausbruchs des Krieges, sofort 200.000 Mann stellen.

Zahlenmäßig unbedeutender waren die anderen Kosakenarmeen, die in ihrer Geschichte aber ebenso der Sicherung der Grenzen dienten und fester Bestandteil der bäuerlichen Grenzbevölkerung waren. Neben den Kosaken vom Don gab es die vom Kuban, Terek, Ural, Sibirien, Astrachan, Orenburg, Transbaikalien, Semiretschenk, Amur und Ussuri – stellvertretend für alle soll hier das alte russische Volkslied, das Lied der Kosaken vom Don zitiert werden:

Wenn hell die Trompeten beginnen zu blasen, zu Attacken und stürmischen Taten, wenn dunkel die Nacht und kalt noch der Rasen, dann sattelt sein Pferd der Kosak. Nimmt Zaumzeug und Sattel, spannt fest das Leder, der silberne Säbel, er klirrt. Es küßt dann zuerst seine Freundin ein jeder, den Arm legt er zart um sein Pferd. Das Klappern der Hufe durchbricht das Schweigen, die Zügel, den Zaum straff in der Hand. Zum Don, zu dem Stillen, noch einmal sich neigen Kosaken, die Adler im Land.

Rot gegen Weiß

In dem russischen Zarenreich gärt es. Die liberalen und sozialistischen Ideen des 19. Jahrhunderts, die sich 1848 in Deutschland und Frankreich entluden, waren auch in die Intelligenzschichten Rußlands eingedrungen. Die ersten Wirkungen dieser Kritik zeigten sich unter Zar Alexander II., als dieser 1861 die Leibeigenschaft aufhob – aber die Besitzverhältnisse an Grund und Boden unverändert ließ. Für die Landbevölkerung blieb daher weiterhin jede Möglichkeit verbaut, eigenen Wohlstand aufzubauen. Formell nicht mehr Leibeigene, bewirtschafteten sie das nunmehr von den Grundherren verpachtete Land, wobei sie jedoch das ausgeklügelte Steuer- und Abgabesystem in ihrer Existenz traf. Hinzu kam das in den Städten entstehende Industrieproletariat, welches mit den Dorfarmen zusammen eine latente, revolutionäre Kraft darstellte. Während des russisch-japanischen Krieges, der trotz einer gewaltigen Kraftanstrengung (die russische Ostseeflotte legte den Weg von St. Petersburg um den halben Globus um die Südspitze Afrikas herum zurück, um am 27. Mai 1905 von der japanischen Flotte vor der Meerenge von Tsushima an der Südspitze Koreas geschlagen zu werden) verloren ging, kam es zum Ausbruch der Winterrevolution, die von Kosaken und Gardetruppen niedergeschlagen wurde. Ein eindrucksvoller Film über den Ausbruch dieser Revolution, angezettelt von Matrosen der russischen Schwarzmeerflotte, sollte in den 20iger Jahren Filmgeschichte machen – der "Panzerkreuzer Potemkin" von Eisenstein.

Während des nächsten Krieges – des ersten Weltkrieges in diesem Jahrhundert – bricht das feudale Gesellschaftssystem zusammen. Die am 25. Oktober 1917 alter Zeitrechnung (dem 07. November neuer Zeitrechnung) begonnene Revolution ist Geschichte. Ausgelöst wurde sie durch die Dauer des Krieges, die dadurch entstehenden Ernährungsschwierigkeiten und die militärischen Mißerfolge. Schon nach dem Scheitern der ersten Brussilow-Offensive im Sommer 1916 entstehen die ersten revolutionären Unruhen. Am 26. Oktober 1917 (08. November neuer Zeitrechnung) verkündet der II. Allrussische Sowjetkongress das Dekret über die Beendigung des Krieges. In dem Krieg hatte der Zar, mehr durch seine Berater gedrängt als bewußt entschieden, die letzte Möglichkeit gesehen, die revolutionäre Flut im Inneren zu ersticken. An nationale Gefühle appellierend sollte sein Thron durch einen Sieg über die morsche österreichisch-ungarische Monarchie sowie ihren Bundesgenossen, das Deutsche Reich, gerettet werden. Das Resultat ist bekannt: der Thron des zweiköpfigen byzantinischen Adlers stürzte. Der Zar und seine Familie wurde anfangs in Tubolsk interniert. Dort kopierte die Zarin Alexandra Feodorowna – ihre aussichtslose Lage einsehend – auf einer Gebetskarte ein Troparaeon aus dem orthodoxen Requiem, die sogenannte Panichida, welche bis heute zum ständigen Repertoire der in Kirchenkonzerten auftretenden Kosakenensembles gehört und zum letzten Male eines verdeutlicht – die immer enger gewordene Verbundenheit der Kosaken mit dem zaristischen Herrschertum.

"Oh Du, der Du in Deiner unendlichen Weisheit alle Dinge huldvoll leitest und allen Menschen gibst, was zu ihrem Besten ist, Du, der alleinige Schöpfer, verleihe Frieden, oh Herr, den Seelen Deiner Diener, die da schlafen, denn sie setzen ihre Hoffnung auf Dich, unseren Gott und unseren Schöpfer, den Urheber unseres Seins."

Der letzte Zar, Nikolaus II. Alexandrowitsch, wird im Jahr 1918 zusammen mit seiner Familie in Jekatharinenburg erschossen. Was folgt, ist das zerstörende Chaos des jahrelangen Bürgerkrieges zwischen Roten und Weißen. Der größte Verlierer dieses Bürgerkrieges sollte das Volk der Kosaken werden. Das Schicksal der Kosaken schildert Wolfgang Schwarz in seinem Buch auf eindrucksvolle Weise: "Sozial, brüderlich, im besten Sinne kommunistisch, wie sie nun einmal sind, fochten sie für Lenin und seine Union in den Behauptungs- und Bürgerkriegen von 1917–1920. Doch was erfuhren sie von ihrem Hoffnungsstern? Daß sie bei diesem roten Zaren wie bei den weißen Zaren sehr wohl als Kriegs- und Muskelkraft erwünscht waren – aber nicht als Genossen. Lenin verbot ihnen auf dem Allkosakenkongress 1920 ausdrücklich die Gründung eines autonomen Gebietes innerhalb der Union der Sozialistischen Sowjetrepubliken. Anderen Kleingruppen gewährte er es. Den Dagyden, Tschwuwaschen.

Was Wunder, da sich Hunderte, Hunderttausende von diesen Kosa-

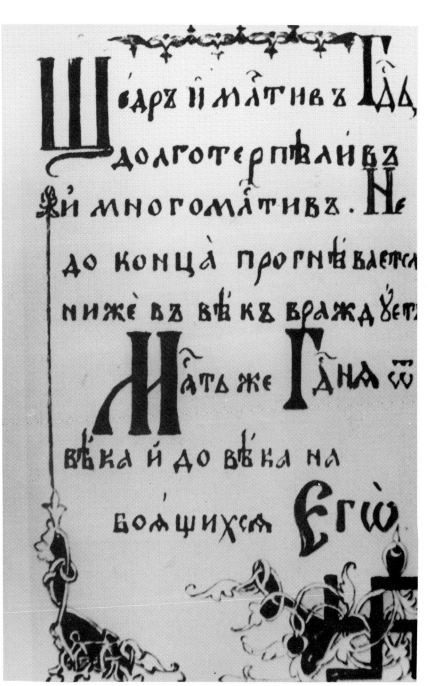

Die Gebetskarte der Zarin, 1918 in Tobolsk Jemact

ken zu jener Bürgerkriegszeit den Weißen zuwandten, den gegen die Roten kämpfenden Monarchisten, Dependentisten, Koltschak-Leuten! Da sie sich von diesen restaurativen Kräften Günstigeres erhofften als von den Revolutionären? So kam es zum Trauerspiel: Kosak gegen Kosak. In jener Aera rot gegen weiß. Zwischen Kaukasus und Leningrad. Zwischen Wolga und Ob. Budjonny, roter Volksheld, contra Krasnow, weißer Kosakengeneral, nicht minder populär. Der eine ein Cromwell, der andere ein Washington der Kosaken! Zwei Ebenbürtige aus jenen Tagen! Zwei Scheiternde! Freilich: Budjonny mit seinen roten Kosaken durfte in Rußland bleiben. Krasnow mit seinen weißen Kosaken mußte fort."

Soweit Wolfgang Schwarz. Tatsächlich kämpften Kosaken in dem russischen Bürgerkrieg auf beiden Seiten und erlitten daher das gleiche Schicksal wie eine Vielzahl von Völkern vor und nach ihnen, angefangen mit Athenern und Spartanern im Altertum, bis zu den Franzosen zu Beginn der Neuzeit oder den Koreanern und Vietnamesen in jüngster Vergangenheit. Es bleibt kein Platz um Einzelschicksale zu erwähnen; die Anonymität geschichtlicher Dokumentation ist erdrückend. In einem Punkt muß jedoch der Bericht von Wolfgang Schwarz korrigiert werden.

Im Gegensatz zu den eben erwähnten geschichtlichen Beispielen eines Bruderkrieges blieben die Kosaken eine erstaunlich homogene Gruppe und zum größten Teil dem Zarenregime treu. Es gab zwar einen Budjonny auf Seiten der Roten, doch erkannte Trotzki schon 1918, daß "der Don der Herd der Konterrevolution war". Tatsächlich gab es wohl kaum eine Handvoll Donkosaken, die auf der Seite der Revolutionäre kämpften.

Die Kosaken – insbesondere die am Don – hatten die Privilegien des Zarenreiches, ihre Selbständigkeit unter der Oberhoheit Petersburgs schätzen gelernt. Sie schlugen sich weniger um ein Ideal, eine Überzeugung oder Weltanschauung. Sie kämpften um ihr Leben, ihren Besitzstand – schlichtweg um ihre Heimat. Für ein Jahr scheint sich der Traum der Kosaken zu verwirklichen. Im Mai 1918 gründet Pjotr Krasnow, der weiße General, den unabhängigen Staat der Donkosaken "Kosakia". Das Utopia des Thomas Mohrus ist Wirklichkeit geworden.

Der Traum währt jedoch nur kurz. Schon 1919 brach der Staat "Kosakia" unter dem Gegenangriff der roten Armee zusammen. Ein Jahr später räumt der Oberkommandierende der Weißen, General Wrangel, seinen letzten Stützpunkt, die Krim. Tausende von Kosaken verlassen ihre Heimat. Es entsteht das Kosaken-Emigrantentum, welches heute noch weiter lebt.

Nach Beendigung des russischen Bürgerkrieges teilt sich die Geschichte der Kosaken. Auf der einen Seite das Heer der geflüchteten Emigranten, auf der anderen die Kosaken, die in ihren alten Gebieten blieben und Lenins Reglementierung sowie der folgenden Gewaltherrschaft Stalins ausgesetzt waren. Dazwischen die Kosaken-Kavallerie-Gruppen des Budjonny, die im russisch-polnischen Krieg 1919/21 sogar bis kurz vor Warschau gelangten, um dann mit Hilfe des französischen Generals Maxime Weygand und dem "Wunder an der Weichsel" aufgehalten und zurückgedrängt zu werden.

Nach Abschluß des Friedens von Riga am 18. März 1921 wird in Verfolgung Lenins strikter Ablehnung einer Selbständigkeit den Kosaken untersagt, Militärdienst zu leisten. Unterschiedslos und unter Verlust sämtlicher Privilegien sollen die Kosaken von nun an Bewohner der im Dezember 1922 auf dem ersten Allunionskongreß der Sowjets gegründeten Union der Sozialistischen Sowjetrepubliken (bestehend aus der russischen-sozialistischen föderativen Sowjet-Republik, der transkaukasischen SFSR, der ukrainischen SSR und der weißrussischen SSR) werden. Die Reglementierungen finden ihren vorläufigen Höhepunkt im Juni 1923 mit dem Erlaß des Dekrets "Über die Vernichtung des Wortes und Namens Kosak".

Während das Kulturgut und die Traditionen der Kosaken in der UdSSR verloren zu gehen drohen, ist unter den Kosaken im übrigen Europa eine seltene Identifikation und Beharrung auf Traditionen und alte Bräuche zu erkennen. Zentren dieses Kosaken-Emigrantentums finden sich insbesondere in Frankreich, Deutschland und in den Balkan-Ländern. Ausdruck dieses Bemühens um die Bewahrung der eigenen Geschichte und des eigenen Selbstbewußtseins sind die in der ersten Hälfte der 20iger Jahre gegründeten Kosaken-Chöre, von denen hier nur stellvertretend genannt werden sollen die Donkosaken des Serge Jaroff und die Uralkosaken des Andrej Scholuch, die in der Zeit zwischen den Weltkriegen und in den 50iger Jahren zu Weltruhm gelangten.

Lenin stirbt am 24. Januar 1924. Unter Ausschaltung jeglicher Opposition vollzieht sich von nun an der Aufstieg des J. W. Tschugaschwieli Stalins; des Mannes, der als menschenverachtender Diktator in die Geschichte Europas eintreten und nach Ende des 2. Weltkrieges den endgültigen Schlußpunkt der Kosaken-Geschichte auf russischem Boden setzen wird.

Während des stetigen Ausbaus Stalins autokratischer Diktatur und der Verwandlung der UdSSR durch Schaffung der 5-Jahres-Pläne in einen modernen Industriestaat kommt es in den alten Kosakengebieten zu verzweifelten Aufständen, die mit Massenerschießungen und Millionen Toten endeten. So wird die Kollektivierung der Bauern durch Errichtung von Kolchosen (dörflichen Kooperationswirtschaften) und Sowchosen (Staatsgütern) zur größten Agrarrevolution der Geschichte, der 60% aller Höfe zum Opfer fallen und im Verlauf dessen ca. elf Millionen Menschen hingerichtet werden. Gerade in den alten Kosakengebieten kam es zu diesen Aufständen und Erhebungen, da es die Kosaken waren, die über erhebliches Grundeigentum verfügten. So waren allein die Donkosaken – wie in den vorigen Kapiteln ausgeführt – Eigentümer von drei Millionen Hektar Ackerland mit dem Besitz der ausschließlichen Fischerei- und Jagdrechte, die durch die Kollektivierung in Verlust gingen.

Die Priviligierten und Hauptstützen des Zarenregims waren abgelöst worden durch die neu entstandene Klasse der "Technischen Intelligenz".

Der Pakt mit dem Teufel

1936 – im Deutschen Reich feierte ein diktatorischer Führer sich und sein nationalsozialistisches System während der olympischen Spiele in Berlin; in seiner Menschenverachtung der Stalins in keinem Punkte zurückstehend. Ein Regime, welches als Folge seiner Politik die Hoffnungen eines ganzen Volkes auf Selbständigkeit und Freiheit (ein Paradoxon) neu entstehen lassen wird.

1936 – das Jahr, in dem der große Gegenspieler dieses Führers, der Autokrat Stalin, sein System durch die Tschistka, die große Säuberung festigt. Die Tschistka ist die Endabrechnung Stalins mit seinen Gegnern aus den 20iger Jahren. Die Liquidierung der alten Revolutionäre in Partei und Armee hatte zur Folge, daß Millionen Menschen inhaftiert werden und in die Straflager Nordrußlands und Sibiriens überführt werden. In diesen Straflagern befinden sich 1938 ca. sechs Millionen Menschen, deren Zahl sich 1940/42 verdoppeln wird. Verhaftungen, Vernehmungen und Hinrichtungen werden mit Hilfe der NKWD (Volkskommissariat für innere Angelegenheiten) unter Jagoda, ab 1936 unter Jeshow und ab 1938 unter dem berüchtigten Berija durchgeführt.

Mit dem Prozeß gegen Marshall Tuchatschewski im Jahre 1937 beginnt die Säuberung der Roten Armee, der drei Marschälle, dreizehn Armeegeneräle sowie 62 Korpskommandeure zum Opfer fallen. Diese Säuberung der Armee hatte zur Folge, daß sich Stalin 1938 zur erneuten Aufstellung von Kosakenverbänden – sich ihrer Rolle in den letzten Jahren des Zarenregimes bewußt werdend – entschloß. Im Gegensatz zu der Armee des Zaren, in der die Kosaken tragendes Element waren, sollte die Eingliederung der neu aufgestellten Kosaken-Kavallerie-Truppen in die Rote Armee letztendlich fehlschlagen.

Für jeden einfachen Soldaten, selbst den gewöhnlichen Unteroffizier, war der Dienst in der Roten Armee hart – ständig unter der Aufsicht der den Armeeteilen zugeordneten Politkommissare. So war die Desertationsquote, insbesondere in den ersten Jahren des nächsten Krieges ungewöhnlich hoch. Auch die Androhung der Todesstrafe hielt viele Soldaten nicht davon ab, zum Feind überzulaufen oder sich freiwillig in Kriegsgefangenschaft zu begeben. Letzteres jedoch nur in den ersten Kriegsjahren, da später die unwürdigen Zustände in den deutschen Kriegsgefangenenlagern bekannter wurden. Diese Zahl der dersertierenden Soldaten war jedoch nichts im Vergleich zu den "Kosaken-Rotarmisten", die während des 2. Weltkrieges zu Tausenden zu den angreifenden Deutschen übergelaufen sind.

Am 1. September 1939 beginnt durch den Überfall der deutschen Wehrmacht auf Polen der 2. Weltkrieg. Erst sechs Jahre später ist dieser Krieg zu Ende. Am 7. Mai 1945 kapitulieren die deutschen Truppen zu Reims vor den West-Alliierten und am 8. Mai 1945 vor den Russen in Berlin. Der Waffenstillstand tritt am 9. Mai 1945 in Kraft. Die Folgen dieses Krieges sind weitgehend bekannt – sie führten zu einer einmaligen Umgestaltung der politischen Strukturen in Europa. 1945 zogen ganze Flüchtlingsscharen durch den alten Kontinent; ihre Heimat für immer verloren. Langsam und zäh drangen Einzelheiten der großen Verbrechen während und nach dem Kriege in das Bewußtsein der Öffentlichkeit, wurden schließlich in ihrem gesamten Umfang bekannt; stellvertretend für alle genannt werden soll der unglaubliche Holocaust an dem jüdischen Volk. Der anderen Opfer, den Zwangsarbeitern, Andersdenkenden, Sinti und Roma und der 1942 bei Katyn erschossenen polnischen Soldaten mag an anderer Stelle gedacht werden.

Das Schicksal eines Volkes blieb bis heute seltsamerweise im Verborgenen – die Auslieferung tausender Kosaken an das ihnen verhaßte Sowjetregime. Nicholas Bethill bezeichnet dies treffenderweise in seinem Buch als "Das letzte Geheimnis" (The last secret, forcible repatriation to Russia 1944–1947; Ullstein-Buch Nr. 33015).

Die unversöhnliche Feindschaft zwischen den Kosaken auf der einen und der Diktatur Stalins auf der anderen Seite, wurzelnd in der auf Selbstbestimmung aufgebauten Lebensform der Kosaken im Gegensatz zu der Gleichschaltung im stalinistischen System, führt zu einer verhängnisvollen Zusammenarbeit dieser Kosaken mit einer anderen Diktatur; der des Tausendjährigen Reiches. Eine Zusammenarbeit, die viele dazu verführt hat, das Schicksal der Kosaken als gerecht anzusehen. Die traurige Wahrheit ist, daß die Kosaken sich in ihrer Not einem skrupellosen Regime zur Verfügung stellten, welchem sie als Soldaten willkommen waren. Ein Schicksal, das die Kosaken während ihrer gesamten Geschichte verfolgte. Bei den Zaren zur Verteidigung der Grenzen, einem Budjonny in der Roten Armee oder als Helfer eines Volkes, welches nach Lebensraum im Osten schreit – als Werkzeuge benutzt.

Am 21. Juni 1941 überfällt Hitlers Wehrmacht die Sowjetunion. Die meisten Kosaken in Europa gliedern sich freiwillig in der deutschen Wehrmacht ein. In der Sowjetunion wird General Dowator Kommandeur der sowjetischen Kosakentruppen, die sich selbst durch ständige Desertation dezimierten.

Adolf Hitler, der die Autonomiebestrebungen und den Haß der Kosaken auf das sowjetische Regime erkennt, gestattet Anfang des Jahres 1942 die Aufstellung reiner Kosakeneinheiten innerhalb der deutschen Wehrmacht. Zu dieser Zeit stehen mehr als 250.000 Kosaken auf deutscher Seite. 1942 wurde Generalmajor Helmuth von Pannwitz von Adolf Hitler mit der Aufstellung der I. Kosaken-Kavallerie-Division beauftragt. Dieser deutsche Offizier sollte es sein, der als letzter Ataman der Kosaken in die Geschichte eingeht, als der "Pan". Helmuth von Pannwitz wurde am 14. Oktober 1898 als Sohn des königlich-preußischen Amtsrates und Husaren-Leutnants Wilhelm von Pannwitz in Bozanowitz, Oberschlesien, geboren. Kurz nach Ausbruch des 1. Weltkrieges trat er als Fahnenjunker in das Ulanen-Regiment Nr. 1 ein und wurde im März 1915 zum Leutnant befördert. Nach Kriegsende wurde er Güterdirektor der Fürstin Radziwill in Molochow bei Warschau und ließ sich 1935 als Rittmeister und Schwadronschef im Reiterregiment II. reaktivieren. Bei Beginn des 2. Weltkrieges war er Major und Kommandeur der Aufklärungsabteilung der 45. Infanteriedivision, in der er an dem Polen-, Frankreich- und Ostfeldzug teilnahm.

Pannwitz entsprach dem Typus des unpolitischen, preußischen Reiteroffiziers und fühlte sich mit dem Osten verbunden. Seine Erfahrungen während des Ostfeldzuges hatten ihn auf die Idee gebracht, die Kosaken zum Kampf gegen die Sowjets in selbständigen Einheiten zu mobilisieren – mit dem Ziel, die alten kosakischen Sonderrechte und Lebensformen wiederherzustellen. Als preußischer Offizier war Pannwitz kein Nationalsozialist – hatte sein Leben jedoch, preußischen Traditionen entsprechend, in den Dienst des "Vaterlandes" gestellt, welches später abgelöst werden sollte von dem Bild eines eigenständigen Staates der Kosaken. Dieses Bündnis zwischen dem nationalsozialistischen Regime in Deutschland und den Kosaken, die zum großen Teil die Tradition des zaristischen Rußlands bewahrt hatten, schildert Wolfgang Schwarz in seinem Buch so:

"Da entwirft dieser Rassenidiologe Hitler ein Weltbild, in dem die Germanen als Herrenmenschen über die Welt herrschen sollen. Und er läßt sich in einen großen Krieg ein, der beweisen soll: Diese Herrenmenschen, die Germanen, sind so stark, daß sie, die stärksten Herrenmenschen, die russischen Slawen besiegen können. Dieser Sieg soll sogar das endgültige Kriterium für die Auserwähltheit der Germanen sein. Doch in diesem Krieg erfährt dieser Hitler, daß sich die russischen Slawen von den Germanen nicht besiegen lassen – es sei: durch eben diese russischen Slawen selbst. Und daraufhin setzt Hitler diese Slawen als Korsettstangen ins Heer seiner Herrenmenschen ein. Beißt sich da nicht eine Schlange ganz gehörig in den Schwanz? Dennoch hatte das Kosakentum diesem grotesken Widerspruch seine Renaissance zu verdanken. Eben deshalb dürfen heute hier Kosaken so versammelt sein, wie sie sich das nur in ihren kühnsten Träumen auszumalen gewagt hatten..."

Die Kosakenverbände waren den deutschen Einheiten völlig gleichgestellt. Die Kosakenführer aus der Zeit des Bürgerkrieges – darunter der legendäre General Pjotr Krasnow, der in den 20iger Jahren das Buch "Vom Zarenadler zur roten Fahne" schrieb und im Mai 1918 kurzzeitig den unabhängigen Staat der Donkosaken "Kosakia" auf russischem Boden gründen durfte – stellten weitere Divisionen auf. Unter der Führung des kommandierenden Generals von Pannwitz wurden diese Divisionen der Kosaken schließlich zum XV. Kosaken-Kavallerie-Korps geformt. Die Grunduniform der Kosaken war die der Wehrmacht, die sie jedoch durch Persianermützen, kniehohe Stiefel sowie lange Umhänge ergänzten. Bei Paraden trugen die Mannschaften Krummsäbel und die Offiziere verzierte, edelsteinbesetzte Dolche, die oft schon generationenlang im Besitz der betreffenden Sippe waren. Trotz ihrer schwerfälligen und altmodischen äußeren Erscheinung erzielten die Kosaken-Kavallerie-Verbände an der Ostfront militärische Erfolge, da der kommandierende General Pannwitz seine Truppen gerade dort einsetzte, wo nicht mit den – den Reitertruppen der Kosaken überlegenen – sowjetischen Panzern zu rechnen war. Als die Kosaken sich zurückzuziehen begannen, schlossen sich ihnen viele Flüchtlinge an, die Angst davor hatten, in dem Gebiet zurückzubleiben, welches von der Roten Armee wiedererobert wurde. So kam es, daß es meist mehr Menschen im Tross als Soldaten gab.

Auf die militärischen Operationen der Kosakenverbände während des 2. Weltkriegs soll hier nicht eingegangen werden. Es ist nicht Aufgabe dieses Buches, die in zahlreichen Veröffentlichungen dargestellte militärische Geschichte des 2. Weltkriegs zu wiederholen oder zu ergänzen.

Der Anfang vom Ende der Kosaken beginnt im letzten Kriegssommer, 1944 in Italien...

Das Utopia der Kosaken

Mit der Landung der westlichen Alliierten in der Normandie am 6. Juni 1944 begann der Sturm auf die "Festung Europa". Im Osten gelang es den sowjetischen Armeen unter Malinowsky und Tolbuchin, die halbwegs wieder stabilisierte Ostfront im Süden zu durchbrechen und auf dem Balkan vorzudringen. Die ehemaligen Verbündeten des Deutschen Reiches, Rumänien und Bulgarien, fielen von der Achse ab und erklärten Deutschland den Krieg. Das besetzte Griechenland wurde geräumt und die deutschen Truppen zogen sich auf eine Verteidigungslinie zurück, die quer durch das besetzte Jugoslawien verlief. In Italien war jedoch die alliierte Invasion kurz nach der Besetzung von Florenz und Pisa an der sogenannten Appenin-Front ("Gotenlinie") zum Halten gebracht worden. Dieses Rumpf-Italien unter Mussolini bildete nun die am 9. September 1943 gegründete Republica Sociale Italiana (die Republik von Salo).

In den besetzten Gebieten Jugoslawiens und Nordost-Italiens herrschte ein unerbittlicher Partisanenkrieg unter Führung des 1892 geborenen Josip Broz Tito. So wurde eine verstärkte Partisanentätigkeit insbesondere in der Gegend um Triest und in Istrien festgestellt. Nach den Vorstellungen Titos sollten die Grenzen des neuen Jugoslawien bis an den Tagliamento (westlich von Udine) reichen. Durch die immer heftiger werdende Kontrolle der Partisanen in diesem Gebiet drohten die Nachschublinien der sich noch in Jugoslawien befindlichen deutschen Truppen unterbrochen zu werden. Infolge der Rückzugsbewegungen an der Ostfront, in deren Zusammenhang sich auch die Frage nach der neuen Verwendung des Kosaken-Kavallerie-Korps stellte, wurde dieses unter Kommando des General Pannwitz nach Kroatien befördert. Unter Führung des Atamans Timofey Iwanowitsch Domanov wurde der gesamte Tross samt Frauen und Kindern, weiteren Kosaken–Einheiten sowie 7.000 Kaukasiern und einer Legion Georgiern nach Nord–Italien verlegt. Hauptaufgabe der Kosaken sollte es sein, die jugoslawischen von den italienischen Partisanen um Friaul zu trennen und den deutschen Truppen den Weg nach Norden zu sichern. Es war vorgesehen, daß die Kosaken in Italien nach ihren bisherigen Gewohnheiten leben sollten und für die Finanzierung dieser Truppe das SS-Kommando in italienischer Währung aufzukommen habe. So wurde nach Angaben des italienischen Journalisten Pier Arrigo Carnier in seiner Dokumentation "Die Armee der Kosaken in Italien 1944-45" (L'Ataman Krasnow ed i suoi Cosacchi in Italia) das in der Gegend von Friaul gelegene Dorf Alesso vollständig evakuiert und den Kosaken zur Verfügung gestellt.

In Alesso wurden einige Ressorts der Exil-Kosakenregierung unter Führung des mittlerweile legendären Krasnow untergebracht und der Ort in Novotscherkask umbenannt. Es folgte die Besetzung von Cavazzo durch die Kuban-Kosaken, die diesen Ort in Grasnodar umbenannten, die Besetzung Oseppos und des Tals des Anzio. Der Stab der Kosaken richtete sich unter dem Kommando des Feld-Atamans (Pochodnij de Ataman) Domanov in Tolmezzo ein. In diesem Landstrich um Tolmezzo in den italienischen Alpen unweit der österreichischen Grenzen sollte nach den Vorstellungen von Alfred Rosenbergs Ostministerium ein neues Kosakenland, das neue "Kosakia" entstehen. Im Frühjahr 1945 lebten dort nach Angaben von Nicholas Bethill 35.000 Kosaken, zur Hälfte Soldaten, zur Hälfte Flüchtlinge.

Auseinandersetzen mußten sie sich mit den in dieser Gegend operierenden Gruppen von italienischen Partisanen, die gleich jenen im nahen Jugoslawien meist Kommunisten und mithin Todfeinde waren. Während dieses Partisanenkrieges ist es auch zu zahlreichen Übergriffen der Kosaken auf die Bevölkerung gekommen. Die Kosaken kamen in den Ruf der Brutalität. Man sagte ihnen nach, daß sie, wenn ein Dorf im Verdacht stand, Partisanen zu beherbergen, einfach hinein galoppierten und es dem Erdboden gleich machten. So schreibt Carnier in seiner Dokumentation: "Im Herbst 1944 raubten an einem Nebeltag tscherkessische Reiter eine ganze Herde in der Nähe des Dorfes Vuezzies, Karnien. Daraufhin erfolgte die Hinrichtung des Hauptmannes dieser Truppe, eines jungen Geistlichen, Agube Dzucojeva Gabevicia, durch Partisanen. Diese Exekution wurde am 31. Oktober 1944 vorgenommen. Aus Rache folgte nun eine schwere Vergeltung durch Kosaken und Kaukasiern in den Dörfern Muina, Cella, Agrons und Ovasta. Verdammenswert bleibt der Mord an einer jungen Karnierin, Lucia Zuliani. Sie wurde am 31. Dezember 1944 von einem Kaukasier erschossen, weil sie sich weigerte, vergewaltigt zu werden. Dafür gab es wieder Vergeltungsmaßnahmen: Jeweils Zehn um Zehn Kosaken, die den Partisanen in die Hände fielen, wurden niedergemacht. Ihre Leichen ließ man auf ungangbaren Wegen einfach liegen. Am 22. November 1944 bombadierte die alliierte Luftwaffe die Festung von Osoppo. Diesem Bombardement fielen 2.200 Kosaken und zahlreiche Pferde zum Opfer..."

Die Kosaken selbst haben nie abgestritten, daß es während der Besetzung des nord-ost-italienischen Landstriches zu Übergriffen gekommen ist. Die Schuld gaben sie den ihnen vom Generalstab außerdem zugewiesen Waffen-SS-Einheiten sowie zahlreichen ("unwürdigen") Soldaten – gleich ob Kosaken, Kaukasiern oder Georgiern, die sich nur deswegen den Kosakenarmeen angeschlossen haben, da Hitler anfangs den Krieg zu gewinnen schien.

Überliefert ist ein Brief des Großneffen Krasnows an diesen: "Sie raubten und plünderten wie die Banditen. Sie vergewaltigen Frauen und steckten Ortschaften in Brand. Ihre Schandtaten haben jene besudelt, die gekommen waren, um gegen den Kommunismus zu kämpfen, und auf ehrenhafte und soldatische Weise ihre Pflicht zu erfüllen."

Zitiert aus Nikolai Krasnow, les abywajemoje (das Unvergessene), San Franzisco 1957.

Die Hoffnung auf Britannien

9. April 1945 – die alliierte Offensive in Norditalien beginnt. Am 19. April 1945 gelingt es US-Amerikanischen Truppen, die "Gotenlinie" bei Bologna zu durchbrechen. Die 8. britische Armee nimmt Padua ein. Für die Kosaken stellte sich nun die Frage, wie sie sich gegenüber der sich Tolmezzo nähernden britischen Armee verhalten sollten. Alleine aufgrund ihrer Stellung als Mitglieder der deutschen Wehrmacht wären sie gezwungen gewesen, zu versuchen, die anrückenden Truppen aufzuhalten. Zudem gab es neben der Kosaken-Exilregierung in Tolmezzo unter Krasnow sowie seinem kommandierenden General Domanov noch die in Kroatien stehenden Kosakenverbände unter Befehl des deutschen Offiziers Pannwitz. Nach Angaben von Wolfgang Schwarz hatte sich Krasnow ohne Rücksprache mit Pannwitz mit dem englischen kommandierenden Oberbefehlshaber in Padua in Verbindung gesetzt und diesen dort aufgesucht. Eine historische Bestätigung dieses Gesprächs zwischen Krasnow und dem Briten in Padua gibt es nicht. Auch Wolfgang Schwarz bleibt in der Erwähnung dieses Gespräches ungenau:

"(...) bestand dadurch, daß sich Krasnow persönlich zum englischen Feldmarschall nach Padua begeben hatte, von nun an auch eine lebendige Brücke zu einer der drei alliierten Säulengewalten – den Engländern. Krasnow, der diesem englischem Feldmarschall gegenüber die ganze Sympathie der Kosaken für England, aber auch die ganze Hoffnung der Kosaken auf England zum Ausdruck gebracht hatte, der bei der Unterredung überdies seine herzlichen, aus der Aera des Bürgerkrieges weiß gegen rot stammenden Beziehungen zu England betont hatte – Krasnow hielt von dieser Stunde an die Engländer für faire Protektoren. Sie werden sich, das war seine Zuversicht, für die Bildung eines Kosakenstaates in einem neuen Europa einsetzen, wenn sie den Krieg gewonnen haben. Auf keinen Fall (...) werden sie die Kosaken den Sowjets ausliefern, wenn die Kosaken den Waffenstillstand geschlossen haben."

Auch wenn dieses Gespräch zwischen Krasnow und dem britischen kommandierenden General der 8. britischen Armee, dessen Name Wolfgang Schwarz nicht erwähnt (wenn, dann muß es Alexander gewesen sein), nie stattgefunden haben soll, so verfolgte Krasnow in diesen Apriltagen 1945 weiterhin das Ziel eines unabhängigen Kosakenstaates in den Bergen von Friaul unter der Schutzherrschaft Englands. Demgegenüber stand Pannwitz als immer noch deutscher Offizier, von dessen Verständnis her ein Einsatz der Kosakentruppen gegen die Briten zumindest denkbar gewesen ist. Mit der Idee des sich tatsächlich etablierenden "Kosakia" in Nord-Ost-Italien konnte sich Pannwitz jedenfalls nicht anfreunden. Auch hier wird Bezug genommen auf ein Gespräch zwischen Krasnow und Pannwitz, welches sich nach Angaben von Wolfgang Schwarz nach dem Besuch Krasnows in Padua ereignet haben soll. So soll Pannwitz gegenüber Krasnow dargestellt haben:

"Zwei Gedanken in dieser Konzeption sind von den jüngeren, im sowjetischen Kommunismus aufgewachsenen Kosaken nicht zu begreifen. Einmal: Daß man durch die Anlage eines Kosakenstaates in Friaul anderen Völkern Platz wegnehmen müsse. Das ist Landraub. Landraub ist Imperialismus. Imperialismus kommt – jedenfalls logisch – für einen von der kommunistischen Lehre beeinflußten jungen Menschen überhaupt nicht in Frage. Ganz gleich, ob dieser junge Mensch heute Sowjetkommunist ist oder nicht. Zum anderen: Der Herrenmenschen-Anspruch. Daß sich Kosaken als Herrschafts-Elite vorkommen, anderen Völkern als Spitze aufgesetzt. Das ist diesen jungen Menschen gleichfalls grundfremd. (...) Ließe sich das nicht auch unauffälliger verwirklichen? Dadurch, daß wir dieselben Engländer, mit denen sie verhandelten, die uns offenbar geneigt sind, bitten, uns in ihrem Commonwealth zu verwenden? Als Kosaken mit dazugehöriger Kosakenfamilie? Eigenständigkeit brächte das insofern mit sich, als sie ihre eigene Sprache, Sippe, eine eigene Schule hätten. Daß wir also eine Minderheit wären. Als eine Minderheit akzeptiert. Also eine Minderheit der Sorge enthoben, wie wir uns auf eigene Faust in der Welt behaupten könnten. Doch im übrigen: Noch ist ja der Traum von einer Kosakenheimat im Osten nicht ausgeträumt."

Soweit wiederum Wolfgang Schwarz. Ergebnis jedenfalls ist, daß die Kosaken sich entschlossen, nicht gegen die andrängenden Engländer zu kämpfen. Ebenfalls ausgeschlossen war eine Kapitulation gegenüber den Partisanen, wie sie zum Beispiel die Georgier gegenüber den norditalienischen Partisanen, die diesen Sonderbehandlung zusicherten, vollzogen. Krasnow und Domanov gaben am 29. April 1945 den Befehl zum Rückzug nach Österreich. Die ersten Vorhuten erreichten am Morgen des 30. April den Plöckenpass. Auf dem Rückzug der Kosakentruppen aus Tolmezzo soll es zu erbitterten Kämpfen mit den Partisanen gekommen sein, die den vollkommenen Zusammenbruch der Kosakenarmee herbeiführen wollten, bevor diese Österreich erreichten. Der Rückzug der Kosakenverbände aus dem Gebiet um Tolmezzo nach Österreich geschah – bis auf die Kämpfe mit den norditalienischen Partisanen – jedoch relativ zügig.

Am 7. Mai 1945 erreichte das 8. britische Batallion der Argyll and Sutherland Highlanders unter Colonel Alex Malcolm die Außenbezirke von Tolmezzo, bereit zum Gefecht gegen die dort lebenden Kosaken. Zu diesem Zeitpunkt entdeckten die Engländer, daß die Kosaken die Stadt bereits verlassen hatten. An diesem Nachmittag, dem 7. Mai 1945, erreichte die Engländer in Tolmezzo die Nachricht von der Unterzeichnung der bedingungslosen Kapitulation der deutschen Wehrmacht in Reims.

Am 8. Mai fuhr eine Abordnung der Kosaken über den Plöckenpass zurück nach Tolmezzo, um den Briten mitzuteilen, daß sie zu bedingungsloser Übergabe bereit seien. Sie sprachen mit dem Divisionskommandeur Robert Arbothnott, der mit ihnen eine Zusammenkunft am nächsten Morgen um 9.00 Uhr im Bahnhof von Oberdrauburg ausmachte, wo Domanov sich dann ergeben sollte. Domanov tat, wie ihm geheißen. Ihm und seinen Kosaken wurde befohlen, von ihren Lagern kurz hinter dem Plöckenpass talabwärts nach Oberdrauburg zu ziehen, dann der am Fluß entlanglaufenden Straße etwa 20 km in Richtung Westen bis Lienz zu folgen, um dort ihr Lager aufzuschlagen. Am 16. Mai befanden sich laut englischen Angaben, die dem Buch von Nicholas Bethill entnommen sind, 22.009 von Domanovs Kosaken im Drautal in britischer Internierung: 15.330 Männer, 4.193 Frauen und 2.435 Kinder.

Die Offensive Sonnenaufgang

Östlich von Oberdrauburg bewachten britische Soldaten außerdem das XV. Kosaken-Kavellerie-Korps unter Helmuth von Pannwitz, welches sich in voller Stärke mit 18.792 Mann ergeben hatte. Dieses Kosaken-Kavallerie-Korps stand in den letzten Kriegstagen im nördlichen Kroatien an der Drau zwischen Maribur und Lavamünd. In diesen Tagen soll nochmals der Versuch unternommen worden sein, die sowjetische Front zu durchbrechen, um in die Ukraine vorzustoßen. Wolfgang Schwarz bezeichnet diesen – angesichts der tatsächlichen militärischen Lage in den letzten Kriegstagen utopischen – Versuch als "Offensive Sonnenaufgang":

Ziel: die Ukraine. Mit ihren breiten goldenen Rücken. Den Weichselkirschen. Den Heldenhügeln. Den Zwiebelkirchen samt ihren fünf Türmen. Den hohen Ufern des Don. Letzter Versuch der Gedrosselten, die Schnur um den Hals zu sprengen? Erinnerung an Potjomkin? An seine Dörfer? Seine Attrappen? Daß es auch hier, an dieser äußersten Peripherie russischer Raub-Absicht an dieser aus Ungarn, Kroaten, Slowenen zurecht improvisierten der Sowjetarmee vorgelagerten, bis zur Drau reichenden Front – wie damals zur Zeit Katharinas im Schwarzmeerland – nur eine dünne Fassade gab? Die man leicht durchstoßen konnte? Dann freilich wäre man, nach geglückter Attacke im Anschluß an den Übergang mit den Schlauchbooten, im hohlen Raum. Mit höchsten ein paar lächerlichen Nachschublern oder Beamten – mit denen wäre man gewiß bald fertig! Stoß nach Osten also? Durch die Puszta? Durch Moldawanien? Jetzt? In dieser Lage? In zündenden Formulierungen machte die Kosakenzeitung "Stenka Rasin" den Kosaken klar: diesmal gelingt er. Der Stoß nach dem Osten. Der Stoß aus der bedrückenden Umklammerung in die Freiheit. Denn anders als früher, wo er nur von den Deutschen gegen die Sowjets geführt wurde, wird er diesmal mit Unterstützung der ortskundigen Kosaken von den Deutschen gegen die Sowjets geführt.

Noch nicht geschlagen geben wollte sich die Deutsche Wehrmacht in diesem Südostterritorium des europäischen Kriegsschauplatzes. Schließlich hatte sie ein Reservoir intakter Divisionen für alle Fälle in diesem Kernraum versteckt. Warum mit ihnen nicht jetzt zur Überraschung des Gegners zum Gegenangriff übergehen? Zumal der Gegner alles andere als dieses vermutete und infolge dessen seine Vorstoß-Gebiete, außer in den Brennpunkten, nur mit einem Schleier von Hilfstruppen besetzt hatte.

Im Zuge dieses Gegenangriffs bekam das Kosaken-Kavallerie-Korps des Pan den Auftrag, über die Drau zu setzen, eine Spitze schnellster Kavallerie in die vordere Verteidigungsreihe des Feindes zu treiben, sie zu durchbrechen, blitzschnell ins Hinterland zu stoßen, durch die Trosse, Stäbe immer weiter. Durch halb Ungarn. Bis zum Treffpunkt: Einem auf der Karte groß eingezeichneten roten Punkt. Auf ihm trifft das Kosaken-Kavallerie-Korps, das von Westen nach Osten durchgestoßen ist, das SS-Panzerkorps des Generalobersten Sepp Dietrich, das von Norden nach Süden durchgestoßen ist. Beide vereinigen sich in diesem Punkt zu weiterem Vormarsch nach Osten. Die von ihnen überholten Feindtruppen werden von nachrückenden Sicherheitsformationen zermürbt."

Wolfgang Schwarz schildert daraufhin in seinem Buch den Versuch zur Ausführung dieses Befehls, der schon im Ansatz erstickt wird und stecken bleibt. Nachvollziehbar ist tatsächlich, daß es einen Befehl des Oberkommandos der Wehrmacht in diesen letzten Kriegstagen gegeben hat, der den Namen "Offensive Sonnenaufgang" trug und auch den von Wolfgang Schwarz zitierten Inhalt hatte. Tatsächlich wurden in den letzten Kriegstagen derartige Befehle an sämtlichen Fronten herausgegeben, die angesichts der tatsächlichen militärischen Lage nur als Wunschtraum bezeichnet werden konnten. Es gab Offiziere in der deutschen Wehrmacht, aber insbesondere in den Truppenteilen der Waffen-SS (die militärische Ausbildung war dort weit weniger wichtig als politische Gesinnung), die – gestärkt durch wahnwitzige Beförderungen – bis zuletzt an den Endsieg glaubten und derartige Befehle versuchten, auszuführen.

Bezweifelt werden muß jedoch nachdrücklich, daß General von Pannwitz – mitnichten ein realitätsfremder Befehlsempfänger – diesen Befehl auch tatsächlich versucht hat auszuführen. Ebenso wie Domanov hatte Pannwitz nur das Ziel, mit seinen Truppen Österreich zu erreichen. Er wird sich nicht damit aufgehalten haben, diesen letzten – unsinnigen – Befehl der "Offensive Sonnenaufgang" durchzuführen. Ihm wird mehr daran gelegen haben, für einen geordneten und raschen Rückzug zu sorgen, damit verhindert werden konnte, daß die ihm unterstellten Soldaten in die Gefangenschaft der Sowjets gerieten.

Die Beschlüsse von Jalta

Den Männern des Kavallerie-Korps von Pannwitz gelang der Durchbruch nach Österreich, wo sie sich den englischen Truppen ergaben und östlich von Oberdrauburg interniert wurden. Während des Rückzuges des Kavallerie-Korps aus Jugoslawien kam es bei Lavamünd an der Drau zu einem Zwischenfall, welcher unter anderem dafür sorgte, daß die Kosaken in der Zukunft britischen Offizieren noch mehr Vertrauen entgegenbringen sollten. Als Nachhut des Kavallerie-Korps verließ das Regiment 6 als letztes Jugoslawien. Als sie sich Lavamünd an der Drau, die heute dort die österreichisch-jugoslawische Grenze bildet, näherten, sahen sie ihren Rückzug durch eine Division Bulgaren blockiert, die jetzt unter dem Oberbefehl der roten Armee standen. Die Bulgaren verlangten die sofortige Kapitulation des Kosakenregimentes, welches ihr Kommandeur, Oberstleutnant Prinz Karl zu Salm-Horstmar, ablehnte. Salm-Horstmar hatte dann das Glück, in der Nähe von Lavamünd ein Kriegsgefangenenlager zu finden, in dem rund 1.500 Engländer, Australier und Neuseeländer lebten. Die deutschen Wachmannschaften waren abgezogen, so daß die ehemaligen Kriegsgefangenen für sich selbst sorgten und auf die Ankunft ihrer Armee warteten. Ranghöchster Soldat war der englische Unteroffizier Edwin Atkinson. Gegenüber diesem britischen Unteroffizier erklärte Salm Horstmar die Kapitulation des 6. Kosakenregimentes, um zu verhindern, daß er sich den Bulgaren oder den nachdrängenden Partisanen Titos ergeben mußte. Doch immer noch versperrte die bulgarische Division den Übergang über die Drau. Als eine Vorausabteilung der 8. britischen Armee, die 38. irische Infanterie-Brigade unter ihrem Kommandeur T.P. Scott, das Kriegsgefangenenlager bei Lavamünd erreichte, und dieser den Bulgaren erklärte, die Kosaken seien ausschließlich britische Kriegsgefangene, konnten sie sich unter britischem Schutz schließlich nach Österreich zurückziehen.

Nun standen fast sämtliche Kosaken, die in geschlossenen Einheiten in der deutschen Wehrmacht gekämpft hatten, in Österreich unter britischer Internierung. Im Drautal bei Lienz die aus Friaul über den Plöckenpass gekommenen Kosaken Domanovs, die ca. 7.000 Kaukasier, die in der Nähe von Oberdrauburg lagerten sowie das gesamte XV. Kosaken-Kavallerie-Korps unter Helmuth von Pannwitz im Drautal östlich von Oberdrauburg. Ihnen war es somit gelungen, sich einem Alliierten zu ergeben, von dem es den Anschein hatte, daß er es nie zulassen würde, daß diese Menschen – keine Nationalsozialisten – in die Hände Stalins oder auch Titos fallen sollten. Zu groß hatten sich schon die Gegensätze zwischen den Sowjets und ihren westlichen Alliierten in den letzten Kriegsmonaten herausgestellt. Ob sie von einem freien Staat "Kosakia" in Kanada träumten oder von der Verwendung als britische Fremdenlegionäre im Commonwealth; es sollte anders kommen.

Das Schicksal dieses Volkes wurde besiegelt auf der Konferenz von Jalta zwischen Churchill, Roosevelt und Stalin Anfang Februar 1945. Diese Konferenz war nur eine von vielen, die die politische Nachkriegsordnung in Europa ordnen sollte. Eine Frage, auf die Stalin besonders Wert legte, war die der von den West-Alliierten gefangen genommenen Russen, die direkt oder indirekt den deutschen Streitkräften angehörten sowie den russischen Kriegsgefangenen, die in deutschen Kriegsgefangenenlagern saßen. Die West-Alliierten besaßen zu diesem Zeitpunkt schon ausreichend Informationen, daß sich viele sowjetische Staatsbürger, gleich ob sie sich den deutschen Streitkräften angeschlossen hatten oder in deutschen Kriegsgefangenenlagern saßen, weigerten, in die UdSSR zurückzukehren. Zum einen handelte es sich um russische Soldaten in deutscher Uniform. Die West-Alliierten stellten sich die Frage, ob diese Menschen nun als deutsche Kombattanten mit Anspruch auf die üblichen Kriegsgefangenenrechte oder russische Landesverräter waren, die der sowjetischen Justiz zu überantworten gewesen wären. Zum anderen über russische Kriegsgefangene in deutschen Lagern, die eine willkommene Gelegenheit sahen, der Heimat den Rücken zuzuwenden und bei den West-Alliierten um Asyl nachzusuchen.

Die Entscheidung, die 1945 in Jalta getroffen wurde, war nicht die Beantwortung einer völkerrechlichen oder humanitären Frage, sondern staatspolitisches Kalkül. Den Russen würden in Polen oder Ostdeutschland englische und amerikanische Soldaten in die Hände fallen, die in deutschen Kriegsgefangenenlagern saßen. Verweigerten die Sowjets die Rückführung, also Repatriierung dieser Gefangenen – was bliebe den westlichen Alliierten dann anderes übrig, als sich zu fügen? Im übrigen war die Zwangsrepatriierung sowjetischer Staatsbürger für die westlichen Alliierten ein Kompromiß, den sie leicht verkraften konnten. Ihnen ging es um etwas anderes – den sowjetischen Einfluß auf Osteuropa zu begrenzen. Das Nachgeben in der Frage der Zwangsrepatriierung als Gegenleistung zu der Zusage Stalins, freie Wahlen in Polen zu ermöglichen. Als bekannt wurde, daß Stalin sich auf die ihn begünstigenden Beschlüsse der Jalta-Konferenz bis in das kleinste Detail berief und seinen eigenen Verpflichtungen nicht nachkam – weder in Polen noch in irgend einem anderen Staat Osteuropas fanden freie Wahlen statt – waren die repatriierungsunwilligen Sowjetbürger längst ausgeliefert. Das Schicksal, welches diese Menschen erleiden mußten, geriet erst 1973 in das Blickfeld der Öffentlichkeit, durch die Veröffentlichung des "Archipel Gulag" von Alexander Solschenizyn.

Wenn auch die auf der Konferenz von Jalta gefaßten Beschlüsse der Zwangsrepatriierung von Sowjetbürgern humanitär äußerst bedenklich waren, so war die von Roosevelt und Churchill akzeptierte Entscheidung anhand der politischen Gegebenheiten zumindest nachvollziehbar. Eine Tragödie ist, daß die Briten in ihrer Übereifrigkeit, den Beschlüssen von Jalta Folge zu leisten, Menschen an die Sowjetunion auslieferten, die nicht unter den Personenkreis fielen, die aufgrund der Beschlüsse von Jalta repatriiert werden mußten – die Auslieferung der in Drautal internierten Kosaken, von denen kaum welche sowjetische Staatsbürger waren. Innerhalb von zwei Wochen wurde das Schicksal der Kosaken besiegelt – in der zweiten Maihälfte des Jahres 1945. Auf diese Wochen im Mai soll im folgenden näher eingegangen werden. Einmal, weil es sich um erschreckende Geschehnisse handelt, die in offiziellen Dokumentationen kaum auftauchen und zum andern, weil sie den Schlußpunkt in der Geschichte eines gesamten Volkes setzen. Es gibt kein Volk der Kosaken mehr nach 1945. Was übrig geblieben ist, ist ein verschwindend geringer Teil von Emigranten, die heute noch versuchen, die Traditionen und das kulturelle Erbe ihres Volkes aufrecht zu erhalten. Schon immer Minderheit gewesen, konnten die Kosaken im Verlauf ihrer Geschichte nur durch Konzentration und Besinnung auf ihre Traditionen bestehen. Das Bemühen der übrig gebliebenen Kosaken, daß kulturelle Gut ihrer Geschichte zu erhalten und weiterzugeben, ist – anerkennenswert – Folklore und wert, überliefert zu werden und nicht in Vergessenheit zu geraten. Vergleichbar mit der mühseligen Restaurierung eines aztekischen Mosaiks, ebenfalls Andenken an ein verstorbenes Volk.

So entschieden die britischen Kommandierenden Mitte Mai 1945, die in ihrer Hand befindlichen Kosaken samt Frauen und Kindern an die Sowjets auszuliefern. Es waren in ihrer Mehrheit keine sowjetischen Staatsbürger, sondern vielmehr Altemigranten, die Rußland bereits um 1920 verlassen hatten und im Besitz des Nansen-Passes waren. Im Falle des XV. Kavallerie-Korps waren – zumindest unter den Offizieren – auch deutsche Offiziere wie zum Beispiel Pannwitz, die augenscheinlich nicht unter die Beschlüsse von Jalta fielen. Die Intention der britischen Dienststellen, trotzdem diese Menschen an die Sowjetunion auszuliefern, beschreibt Nicholas Bethell so:

"Sobald Stalin die Kosaken in seiner Gewalt hatte, so meinte man, werde er geneigter sein, Tito, der damals den Westen mit seinen Forderungen nach österreichischem und italienischem Gebiet so viele Schwierigkeiten machte, etwas mehr unter Kontrolle zu bringen, auf der Konferenz über die Zukunft Polens, die am 17. Juni in Moskau beginnen sollte, eine annehmbarere Linie zu vertreten, und im noch nicht beendeten Krieg gegen Japan aktiver zu werden. Dagegen war mit einer agressiven Reaktion Stalins zu rechnen, würde er englische Sympathie für die Kosaken oder gar Bemühungen sehen, ihnen Aufnahme zu gewähren, womöglich, um sie bei einem künftigen Angriff gegen Rußland einzusetzen. In London und vor allem im Auswärtigen Amt schien es absurd, Stalin durch die Beschützung von Leuten zu provozieren, die die Sowjetunion verraten und Hitler Waffendienst geleistet hatten. Es gab wenig Verständnis dafür, warum die Kosaken freiwillig bei den deutschen Invasoren mitgekämpft hatten. Im Westen wußte man zwar in etwa von den Repressionen und Säuberungen der dreißiger Jahre, aber kaum etwas über ihr tatsächliches Ausmaß, und es gab viele linke Mitläufer, die jegliche Behauptung, daß Stalin sein Volk grausam regiere, als rechte Propaganda diffamierten. Die Massendeportationen und die Hungersnot von 1933 waren der westlichen Öffentlichkeit weitgehend unbekannt, hatten aber jahrelang das Leben von Millionen Russen bestimmt, die dem Terror zum Opfer gefallen waren. Diese bedauernswerten Menschen hatten derart leiden müssen und die Sowjetregierung so abgrundtief hassen gelernt, daß sie für die Opfer jenes anderen Diktators wenig Mitgefühl übrig hatten. Westliche Zeitungen oder sonstige Nachrichten waren ihnen nicht zugänglich, und daß Hitler in der sowjetischen Presse als Faschist und Mörder angeprangert wurde, darauf gaben sie nicht viel. Sie glaubten nicht die haarsträubenden Geschichten, die die Prawda und die Istwestija brachten. Deren Attacken gegen Hitler bewegten die isolierten Sowjetbürger nicht mehr als die übrige Propaganda."

Die Entscheidung war gefallen. Zurückzuführen war sie auf einen Befehl der Führung der 8. britischen Armee. Nach Angaben des Generalleutnants Keightley, Kommandeur des V. Korps, in dessen Befehlsbereich die Auslieferung der Kosaken fallen sollte, ging dieser Befehl ganz sicher von Westminster aus, also vom Auswärtigen Amt, wahrscheinlich von Winston Churchill selbst.

Die Auslieferung beginnt

Das Verhältnis zwischen den Kosaken und ihren britischen Bewachern war Mitte Mai 1945 als gut zu bezeichnen. Die Kosaken – noch teilweise unter Waffen – verwalteten sich zum größten Teil selbst und arbeiteten mit ihren englischen Bewachern eng zusammen. Sie versorgten sich weitgehend selbst und hielten intern Disziplin. Englische Befehle befolgten sie schnell und ohne Widerspruch. Die Engländer bewunderten die hervorragende Reitkunst der Kosaken, ihre Würde und ihr eindrucksvolles Auftreten. Gegen britische Soldaten hatten diese Kosaken nie gekämpft, sie hatten sich bereitwillig ergeben und waren sichtlich bestrebt, gefällig zu sein.

Die Entscheidung war gefallen. Weder die englischen Bewacher, unter ihnen der Verbindungsoffizier Major Rusty Davies, noch die Kosaken ahnten, daß die Zwangsrepatriierung kurz bevorstand. Noch waren sowohl Domanovs Kosaken bei Lienz als auch das XV. Kavallerie–Korps östlich von Oberdrauburg unter Pannwitz eine disziplinierte und – trotz Internierung – eine teilweise bewaffnete Truppe, die – hätten sie von dem Auslieferungsbefehl auch nur geahnt – sich bis zum letzten Blutstropfen ihren englischen Bewachern gegenübergestellt hätten. Zu einer bewaffneten Auseinandersetzung durften die Engländer es jedoch nicht kommen lassen. Der Krieg war zu Ende, die britischen Soldaten, die die Kosaken bewachten, hätten sich kaum für einen Kampf gegen diese Kosaken, deren Achtung sie mittlerweile erfahren hatten, motivieren lassen. Die Entscheidung der britischen Kommandierenden ging dahin, durch falsche Versprechungen die Kosaken in Sicherheit zu wiegen, die immer noch befürchteten, an die Sowjets ausgeliefert zu werden, und diese zu entwaffnen und ihnen schließlich ihre Führungspersonen zu nehmen, damit ihre immer noch vorhandene Stärke, die in ihrer aufrechterhaltenden Disziplin lag, zerschlagen wurde.

Die Engländer brachen mit ihrer Entscheidung zur Zwangsrepatriierung der Kosaken nicht nur bestehendes Völkerrecht. Es kann nicht oft genug wiederholt werden, daß die Kosaken, die an die Sowjets ausgeliefert werden sollten, nicht unter die Beschlüsse der Jalta-Konferenz fielen. Sie setzten diesen Völkerrechtsbruch schließlich unter der Abgabe falscher Versprechungen und Zusicherungen durch. Inwieweit es bei der tatsächlichen Auslieferung tatsächlich zu Gewalttätigkeiten zwischen Briten und Kosaken gekommen ist, darüber existieren unterschiedliche Angaben. Selbst wenn die Angaben zutreffen sollten, daß die gewalttätigen Auseinandersetzungen bei der Auslieferung sich in Grenzen gehalten haben, so ändert dies nichts an dem Verhalten der britischen Dienststellen. Was die Kosaken zu erwarten hatten, wenn sie einmal an die Sowjetunion ausgeliefert werden sollten, war klar.

Am 23. Mai 1945 wurde den Sowjets in Wien zugesichert, daß die im Drautal lagernden Kosaken sowie die Soldaten des XV. Kavallerie-Korps an die Sowjets ausgeliefert werden sollten. Übergabeort sollte Judenburg an der Demarkationslinie zwischen der britischen und sowjetischen Zone in Österreich sein. Der Kommandierende der 8. britischen Armee, General Alexander, wird noch am Abend dieses 23. Mai informiert worden sein. An den Brigadier Musson, den Kommandierenden der 8. Brigade Malcolm oder dem Verbindungsoffizier Davis hat er diesen Befehl nach übereinstimmenden Angaben jedoch erst am Morgen des 26. Mai weiter gegeben. So kann davon ausgegangen werden, daß am 24. Mai noch niemand der verantwortlichen Offiziere der britischen Truppen von der in Wien getroffenen Vereinbarung wußte. An diesem 24. Mai fand in Althofen auf britische Initiative die Wahl eines neuen Feld-Atamans statt. Die Wahl dieses neuen militärischen Führers der gesamten Kosaken schildert Lorenz Mack in seinem Buch "Die Kosakennovelle" (Verlag Styria, 1986):

"Die Versammlung fand auf einem geräumigen Feld statt. Vertreter aller Regimenter nahmen im Viereck Aufstellung in Gegenwart eines Obersten der 34. britischen Division. Einstimmig wählten die Kosaken zu ihrem Ataman – den General Helmuth von Pannwitz! In jedem Fall, der Verlauf der Zeremonie war feierlich und bewegend. Pannwitz hielt eine Rede, in der er für das Vertrauen dankte und erklärte dann: "Liebe Kosaken: Unter uns weilt ein Vertreter der britischen Armee. Da er nicht russisch kann, so erlaubt also, daß seine Worte in Übersetzung wiedergegeben werden. Sie lauten wie folgt: Kosaken! Die britische Regierung seiner königlichen Majestät nimmt euch unter ihre Obhut. Niemand mag den Gerüchten glauben schenken, daß man euch den Sowjets auszuliefern habe! Die britische Regierung denkt daran, euch nach Kanada oder Australien zu verlegen. Die Frage ist noch nicht entschieden. Vorläufig kennen wir euch wenig. Ich bitte euch daher, wahrt Disziplin und Gehorsam eurem Führer gegenüber. Durch euer eigenes Verhalten werdet ihr am wirksamsten die Beschuldigung entkräften, die seitens der Sowjetregierung gegen euch erhoben wird, nämlich, daß ihr keine Armee, sondern eine Bande seit. Erbringt den Beweis, daß es nicht so ist."

Helmuth von Pannwitz ist zum Feld-Ataman der Kosaken gewählt worden. Diese Wahl muß wohl – insoweit sind die Quellen eindeutig – im Mai 1945 geschehen sein. Die Schilderung von Mack muß jedoch in wesentlichen Punkten bezweifelt werden. Am 24. Mai 1945 lagerte Pannwitz östlich von Oberdrauburg, ca. 80 km von dem Lager des Stabes Domanov entfernt. An diesen Maitagen gab es keine übergreifende Versammlung zwischen Domanovs Kosaken und den Kosaken des Kavallerie-Korps mehr. Daß nur die Kosaken des XV. Kavallerie-Korps von Pannwitz zu ihrem Feld-Ataman ernannt hätten, wie vielleicht Macks Bericht entnommen werden könnte, wäre sinnlos gewesen, General Helmuth von Pannwitz war der kommandierende General dieses Korps; er bedurfte keiner Bestätigung mehr als Feld-Ataman. Es ist vielmehr zu vermuten, daß Pannwitz durch die Wahl der obersten Führer, das heißt Krasnow und Domanov, in den ersten Maitagen vor der Kapitulation gegenüber den Briten zum Feld-Ataman ernannt wurde. Diese Ernennung war wohl mehr ein symbolischer Akt, als die tatsächliche Übertragung des militärischen Oberbefehlshabers. Feld-Ataman im wahrsten Sinne des Wortes war, jedenfalls zur Zeit der Besetzung Tolmezzos, General Domanov. Hier war er unbestreitbar militärischer Führer und hatte in seiner Funktion auch einen Zweck zu erfüllen.

Auch ansonsten ist der Bericht von Mack zu bezweifeln. Am 24. Mai 1945, einen Tag nachdem den Sowjets in Wien die Auslieferung der Kosaken versprochen wurde, wird kein ranghöherer britischer Offizier eine derart verbindliche und eindeutige Stellungnahme abgegeben haben, selbst wenn ihm die einen Tag zuvor gefallene Wiener Entscheidung nicht bekannt war. Wohl hatten die britischen Offiziere Weisung, keine Unruhe unter den Kosaken zu verbreiten, um ihnen zumindest die Möglichkeit weiter vor Augen zu halten, eine gesicherte Zukunft unter dem Schutz des United Kingdoms zu haben, doch sollten keine verbindlichen Versprechen gegeben werden. Obwohl es zu der Taktik der Engländer gehörte, die Kosaken über ihr Schicksal bis zuletzt im Ungewissen zu lassen, wäre eine derart verbindliche Ansprache eines Obersten der 34. britischen Division, dessen Name nicht genannt wird, bei einem derartigen offiziellen Anlaß nie abgegeben worden.

In den letzten Maitagen des Jahres 1945 nimmt das Schicksal seinen Lauf. Die Opfer – das Volk der Kosaken. Die Handelnden – Downingstreet No. 10 in London und der Kreml in Moskau. Bis heute ist nicht geklärt, ob den Briten bei ihrer Entscheidung die Tragweite bekannt war – die Hinrichtung zahlreicher Kosaken-Offiziere, der deutschen Offiziere und die Verschleppung der Überlebenden in die Straflager der UdSSR. Den Briten ging es bei ihrer Entscheidung um die Befolgung einer Kriegsnotwendigkeit, die Notwendigkeit der Stärkung der Allianz zwischen Sowjetrußland und dem Westen – einig gewesen in dem Kampf gegen das faschistische Deutschland – und nun darauf achtend, die Beschlüsse von Jalta peinlich genau zu befolgen, damit auch der Allianzpartner Stalin alle Verpflichtungen in den osteuropäischen Ländern, wie Polen oder der Tschechoslowakai – die Abhaltung freier Wahlen – befolgen sollte. Die Briten waren in ihrer Entscheidung, die Kosaken an die Sowjetunion auszuliefern, nicht nur peinlich genau, nein, in ihrem Bestreben, den sowjetischen Alliierten entgegenzukommen, taten sie mehr als von ihnen verlangt. Das Ergebnis – Stalin hielt sich nicht an die Beschlüsse von Jalta. Die "freien" Wahlen, die in Polen oder Tschechoslowakei stattfanden, waren eine Farce.

Doch nun zu den letzten Maitagen des Jahres 1945. Es soll versucht werden, die Geschehnisse dieser Tage im Detail darzustellen. In Einzelheiten widersprechen sich die Quellen. Insbesondere in dem Punkt, inwieweit die britischen Soldaten bei der Räumung der Internierungslager Gewalt anwenden mußten, um die Kosaken an die Sowjetunion auszuliefern. In einem Punkt besteht jedoch Einigkeit – dem Schicksal der Kosaken nach ihrer Auslieferung in die Sowjetunion.

Angesichts des Umstandes, des Völkerrechtsbruchs der Briten bei der Auslieferung von Menschen, die nach geltendem Recht Kriegsgefangene oder Flüchtlinge waren, kann dahinstehen, ob bei den britischen Auslieferungsaktionen 50 oder 500 Menschen durch unmittelbare Gewaltanwendung der britischen Soldaten um ihr Leben kamen, sei es – indem sie Widerstand gegen die Auslieferung leisteten, auf der Flucht erschossen wurden oder durch Selbstmord umkamen. Die Schilderung der letzten Maitage beginnt östlich von Oberdrauburg, dort, wo der rein militärische Verband des XV. Kavallerie-Korps von Pannwitz interniert war. Am 28. Mai bekamen der kommandierende General Pannwitz und einige seiner deutschen Offiziere den Befehl, ihre Pistolen abzugeben und sich zur Verlegung in ein anderes Lager fertig zu machen. Die meisten kamen dem ohne Widerspruch nach. Einige deutsche Offiziere, darunter auch Oberstleutnant Prinz Karl zu SalmHorstmar, Kommandeur des Regimentes 6, der gerüchteweise von einer Auslieferung an die Sowjetunion gehört hatte, sorgten noch für eine rasche Evakuierung von rund 250 Deutschen von dem Regiment nach St. Veit, von wo aus sie Weiterndorf in den Ratstätter Tauern, also in der amerikanischen Zone von Österreich, erreichten, wo eine Stammeinheit einer normalen deutschen Kavalleriebrigade interniert war. Dort bekamen diese 250 deutschen Soldaten von ihren Vorgesetzten neue Papiere ausgestellt und begannen, sich unter die anderen zu vermischen.

Über 500 weitere deutsche Korpsangehörige blieben aber bei von Pannwitz, ebenso wie die rund 18.000 Kosaken.

100 km nördlich von Klagenfurt, eine Flußschlucht teilt die kleine Stadt – Judenburg an der Mur. Die Brücke über die Mur bildet die Demarkationslinie zwischen der englischen und sowjetischen Besatzungszone in Österreich. Pannwitz in einem weißen Spähpanzer leitete die Kolonne aus zahllosen LKW's, auf denen englische Posten mit Maschinengewehren und Pistolen auf jedem Heck standen. Die Sicherung dieses Trosses hatte die schottische 139. Infantrie–Brigade übernommen. Der Tross näherte sich der Brücke über die Mur. Der Kommandant des die Brücke bewachenden Royal-Artillerie-Kommandos, Leutnant English, schildert die Übergabe, zitiert in Bethells Buch:

"Pannwitz war sehr groß. Er reckte sich zu voller Höhe auf und sah sich dann um. Und da schien ihm zum ersten mal aufzugehen, was los war. Dann, wärend alle Augen auf ihn gerichtet waren, ging er ganz langsam auf die Russen zu und salutierte schließlich. Er ließ sie warten und hatte sich großartig in der Gewalt."

Dieser Bericht des englischen Leutnants stimmt mit dem von Wolfgang Schwarz überein, einer der 500 deutschen Offiziere, die an jenem Maitag in Judenburg den Sowjets übergeben wurden:

"Durch die Mitte der Brücke lief die Demarkationslinie zwischen dem englischen und dem sowjetischen Hoheitsgebiet dieses alliierten Besatzungsgebietes. Wir hielten an dieser Demarkationslinie an, von der wir damals natürlich nichts wußten. Aus dem weißen Spähpanzer stieg der Pan. Jäh von ihm ab sprang die Hoffnung, die die Engländer bis zu diesem Augenblick in ihm genährt hatten. – Mein Gott. – Sich hoch reckend aus dem Zusammenbruch in starrer Gefaßtheit, ruhigen Schrittes ging er auf die Sowjets zu, die ihn erwarteten, stellt sich vor sie hin, salutierte. Sie salutierten auch. Von uns desgleichen sprang alle Hoffnung ab."

Es muß wiederholt werden, daß diese Übergabe der Offiziere und Mannschaften des XV. Kosaken-Kavallerie-Korps kurz unter Zugrundelegung der in Jalta gefaßten Beschlüsse eindeutig der Genfer Konvention widersprachen. Bis zum letzten Augenblick wurde Pannwitz von den britischen Bewachern getäuscht. Unter militärischen Gesichtspunkten war diese Operation für die englische Armee ein Erfolg. Hätten sie den Soldaten die Wahrheit gesagt, nämlich die, sie an ihre Todfeinde auszuliefern, hätten diese sich kaum bereitwillig wie Vieh zur Schlachtbank führen lassen.

Nur durch die andauernd gegebenen Versprechen und groß angelegten Täuschungsmanöver konnte diese Übergabe gelingen.

Zeitgenössisches Foto aus dem Jahre 1945 (Abdruck eines Zeitungsfotos): Kosaken während der Flucht ins Ungewisse!

Die große Konferenz

Noch lagerten die Kosaken Domanovs bei Lienz. Die Kosaken, die für wenige Monate an dem Traum des freien "Kosakia" in Norditalien hatten teilnehmen dürfen.

Die ca. 1.500 Offiziere, die sich in Lienz unter der Führung von Domanov und Krasnow befanden, wurden vom englischen Oberkommando zu einer Konferenz eingeladen, die niemals stattfinden sollte. Den kosakischen Offizieren wurde erzählt, daß diese große Konferenz in Spittal zusammen mit den Engländern stattfinden sollte, um über die Zukunft des Kosakenvolkes zu entscheiden. Es war der 28. Mai 1945 gegen 11.00 Uhr, als Domanov an seine Offiziere eine Ansprache hielt und ihnen erklärte, sie müssten alle an der am Nachmittag stattfindenden Konferenz teilnehmen. Ein Befehl, der Domanov später in den Ruf bringen sollte, aus egoistischen Eigeninteressen seine Kosaken verraten zu haben. Die Offiziere ließen sich ungern von ihren Mannschaften und Familien trennen, sie sahen nicht ein, warum nicht nur lediglich eine Delegation von ihnen an dieser sogenannten Großen Konferenz teilhaben sollte. Domanov wurde später vorgeworfen, von dem Auslieferungsvorhaben gewußt zu haben, um später bei den Sowjets Gnade zu finden. Domanov war nämlich ein Neuemigrant, der erst 1943, zwei Jahre nach dem deutschen Überfall auf die Sowjetunion, in das Deutsche Reich gekommen und nach den Vorschriften des Jalta-Abkommens tatsächlich repatriierungspflichtig war. Beweise für ein derartiges Verhalten von Domanov gibt es jedoch nicht. Man vertraute den Engländern, selbst wenn man nicht unbedingt an das Stattfinden der Konferenz glaubte. Das Schlimmste, was einem passieren könne, war – so die überwiegende Meinung der kosakischen Offiziere – in ein regelrechtes Kriegsgefangenenlager zu kommen. An eine Auslieferung an die Sowjets glaubte niemand. Um 13.00 Uhr an jenem 28. Mai setzte sich die Kolonne von zahlreichen LKW's in Richtung Spittal in Bewegung; es waren exakt 1.475 Offiziere.

Kurz nachdem sich die LKW's in Bewegung setzten, stießen zu dieser Gruppe zahlreiche leichte Panzerwagen und Kräder, die sich in den umliegenden Wäldern versteckt hatten und schoben sich zwi-

schen die LKW's. Eine bewaffnete Eskorte, die sich die kosakischen Offiziere nicht erklären konnten. Inzwischen war es 13.30 Uhr, die Kosakenoffiziere waren fort. Die britischen Mannschaftssoldaten waren immer noch nicht über die tatsächlichen Umstände informiert. Brigadier Musson ließ die kommandierenden Offiziere seinen Mannschaften folgende Rede halten, die bei Nicholas Bethell abgedruckt ist:

"Gemäß einer von den alliierten Regierungen getroffenen Vereinbarung sind alle alliierten Staatsangehörigen in ihre Länder zurückzuführen. Das bedeutet, die zur Zeit im Brigadegebiet befindlichen Kosaken und Kaukasier werden nach Rußland zurückgeschickt. Einige von ihnen sind zur Rückkehr bereit – zahlreiche Kaukasier haben sich um dieselbe bereits beworben –, insgesamt aber wird die Maßnahme unpopulär sein. Zwecks Vermeidung von Schwierigkeiten innerhalb des Gebietes der Einheit werden heute die Offiziere von den Mannschaften getrennt. Der Abtransport der letzteren sowie der Frauen und Kinder erfolgt, sobald Bahn- und KFZ-Kapazität dies gestatten. Was mit den Pferden und anderen Tieren wird, darüber haben wir derzeit noch keine genauen Instruktionen. Pferde-

wagen können auf den Zügen nicht transportiert werden, müssen also zurückbleiben. Diese Aufgabe wird gewiss nicht leicht sein. Wir sprechen nicht ihre Sprache, und selbst wenn sie sich unseren Anweisungen widerspruchslos fügen, ist es ein ungeheures Unternehmen. In Sonderheit wird, da viele Frauen und Kinder dabei sind, der eine oder andere von Ihnen Mitleid gegenüber diesen Leuten empfinden, aber Sie dürfen nicht vergessen, daß sie für die Deutschen die Waffen ergriffen haben und dadurch mehr Truppen zum Kampf gegen uns in Italien sowie an den anderen Fronten frei wurden. Es besteht kein Zweifel daran, daß sie mit den Deutschen taktiert haben, weil sie hofften, in Rußland wieder an die Macht zu kommen. Als sie sahen, daß dies nicht möglich war, versuchten sie, sich in unseren Augen zu rechtfertigen. Die Russen haben erklärt, daß sie beabsichtigen, diese Leute in der Landarbeit einzusetzen und sie zu anständigen Sowjetbürgern zu erziehen. Es sind nicht die geringsten Anzeichen dafür vorhanden, daß es einen Massenmord an ihnen geben werde. Tatsächlich brauchen die Russen für ihr Land mehr Menschen. Denken Sie an das, was ich gestern zu Ihnen sagte. Sie haben eine sehr große und sehr unangenehme Aufgabe vor sich. Versuchen Sie, sie festentschlossen auszuführen, und ohne daß es zu Blutvergießen kommt; ist es jedoch nötig, zu Gewalt Zuflucht zu nehmen, dann tun Sie das ohne Zögern und Furcht. Seien Sie gewiß, daß ich bei allem, was Sie im Zuge dessen tun müssen, voll und ganz hinter Ihnen stehe."

Dieser Befehl, von dem Brigadier Musson im Nachhinein sagte, er habe ihn von höherer Stelle erhalten, ist widersprüchlich und merkwürdig. Er diente mit Sicherheit dazu, die britischen Soldaten auf ihre Aufgabe vorzubereiten, eine Auslieferung von ungefähr 20.000 Menschen vorzunehmen. Dies unter dem Gesichtspunkt, daß die meisten britischen Soldaten Achtung und Respekt vor diesen Menschen hatten. Es waren keine Deutschen, sie hatten nie gegen britische Soldaten gekämpft, hatten sich vielmehr den Briten kampflos ergeben. Die britischen Soldaten bewunderten zudem das Festhalten an den bewährten Traditionen und verstanden den Kampf der Kosaken gegen ein System, das diktatorisch war. Die einfachen Soldaten merkten dies. Doch der Befehl enthielt weiter Merkwürdiges. Nicht mit einem Wort wurde erklärt, daß viele der Kosaken und Kaukasier keine sowjetischen Staatsbürger waren und gar nicht unter das Auslieferungsabkommen fielen. Es wurde nicht erklärt, warum auch die Frauen und Kinder ausgeliefert werden sollten, nur weil ihre Männer an Deutschlands Seite gekämpft hatten. Erklärt wurde auch nicht die Motivation der Kosaken und Kaukasier, warum sie sich auf die Seite Deutschlands gestellt hatten, nämlich zum Kampf gegen die Sowjetunion Stalins. Und es kann nicht sein, daß die britischen Befehlsstellen, die diesen Befehl formuliert hatten, tatsächlich der Ansicht waren, daß diese übergebenen Menschen in der Landarbeit eingesetzt und zu anständigen Sowjetbürgern erzogen werden sollten. Alle englischen Soldaten wußten nun Bescheid, mit Ausnahme der Fahrer der LKW's, die zu dieser Stunde zu der Großen Konferenz nach Spittal unterwegs waren. In Spittal fuhren die LKW's in ein umzäuntes Lager. Die Kosakenoffiziere wußten nun, daß die Konferenz ein Bluff war. Ihnen schien zur Überzeugung zu werden, daß sie tatsächlich in ein Kriegsgefangenenlager überführt werden sollten. Dann bekam Domanov den Befehl, seinen Offizieren mitzuteilen, was ihnen tatsächlich bevorstand. Alle Berichte sind sich darüber einig, daß in dieser Nacht einige Offiziere Selbstmord begingen. Wieviele Selbstmorde genau verübt worden sind, läßt sich nicht mehr nachvollziehen. Die englischen offiziellen Berichte sprechen jeweils von zwei oder drei Selbstmorden, wobei diese jedoch weder in ihrer Ausführung noch im Zeitpunkt zusammentreffen. Dies veranlaßt Nicholas Bethell in seinem Buch zu dem Schluß, daß in jener Nacht ungefähr ein Dutzend Offiziere Selbstmord begangen haben. Wenzel spricht von sechs Selbstmorden und weiteren 15 Offizieren, die am nächsten Tag bei der Fahrt zur Auslieferung von Spittal nach Judenburg bei Fluchtversuchen von britischen Soldaten erschossen worden sind. Bethell spricht von zwei Fluchtversuchen, die jedoch durch das Abgeben von Warnschüssen verhindert werden konnten.

Um in der zeitlichen Folge zu bleiben – noch befanden sich die Offiziere in dem Lager in Spittal. Gegen 6.30 Uhr kamen die LKW's, die die Offiziere nach Judenburg bringen sollten. Colonel B.L. Bryar, Kommandeur der 1. Kensinthons, Wacheinheit des Lagers, ging zu der Baracke, in der die Generäle und höheren Offiziere der Kosaken die Nacht verbracht hatten und befahl ihnen, die Fahrzeuge zu besteigen. Domanov weigerte sich und erklärte, er habe über seine Offiziere keine Befehlsgewalt mehr.

Die Kosakenoffiziere werden auf die LKW's verladen. Über die Gewaltanwendung der britischen Soldaten bei diesem Vorgang existieren ebenfalls unterschiedliche und sich widersprechende Berichte. Bethell spricht davon, daß die Ranghöchsten der Offiziere, die sich in ihrer Baracke auf den Boden mit den Armen verschränkt gesetzt hatten, durch Schläge, den Einsatz von Gewehrkolben, Hackenstielen und auch Bajonettspitzen – teilweise bewußtlos – auf die LKW's geschleift worden sind. Nach Bethell wären daraufhin die anderen Offiziere mehr oder weniger widerstandslos auf die LKW's verladen worden.

Soweit bereits hier von einer derartigen Gewaltanwendung britischer Soldaten die Rede ist, mag Erwähnung finden, daß die ranghohen kosakischen Offiziere – unbewaffnet und das Alter von 60 meist überschritten haben – für die englischen jungen ausgebildeten Soldaten wohl kaum großen Widerstand bieten konnten.

In anderen Berichten wird diese gewalttätige Verladung nicht nur auf die rangohen Offiziere beschränkt, sondern fast ausschließlich auf sämtliche sich in dem Lager von Spittal befindlichen Offiziere. In einem sind jedoch alle Quellen einig. Die Offiziere wurden bei Judenburg ebenfalls den Sowjets übergeben. Die sowjetisch-militärischen Begleitmannschaften eskortierten die gefangenen Offiziere nach Wien, wo sie den Dienststellen des NKWD übergeben wurden. Das gleiche galt für die 500 Offiziere des XV. Kavallerie-Kosaken-Korps, die unter dem Kommando von Pannwitz standen und einige Tage vorher ausgeliefert wurden. Es begannen die berüchtigten Verhöre des NKWD, in denen nach gleichlautenden Quellenangaben bereits annähernd die Hälfte der nunmehr 2.000 inhaftierten und übergebenen Kosakenoffiziere zu Tode gefoltert wurden. Die übrigen sollten in die Lager abtransportiert werden, wo die Mehrheit von ihnen nicht lebend ankam. Eine Sonderbehandlung erfuhren die 12 ranghöchsten Generäle der Kosaken, darunter der nicht-sowjetische Staatsangehörige General Schkuro, Ritter des englischen Hosenbandordens, der späterhin ebenso wie der deutsche Offizier Pannwitz hingerichtet werden sollte.

Kein Ruhmesblatt der englischen Geschichte – das erste Mal in der Geschichte des britischen Empires wurde eine Person, die mit dem höchsten dieser britischen Orden dekoriert wurde, von einer ausländischen Macht zum Tode verurteilt und hingerichtet.

Lienz

Immer noch lagerten mehr als 20.000 Menschen im Tal der Drau zwischen Lienz und Oberdrauburg, einige wenige Offiziere, Unteroffiziere, gemeine Soldaten und zivile Flüchtlinge samt Frauen und Kindern. Als die Offiziere von der Großen Konferenz nicht zurückkehrten, breitete sich Besorgnis unter den Zurückgebliebenen aus. Im riesigen Tal waren die verstreut Lagernden nur schlecht zu bewachen und einige Kosaken und Kaukasier verschwanden in den nächsten Tagen in die Berge. Die Mehrheit blieb jedoch im Tal.

Die Befehlsgewalt der zurückgebliebenen Kosaken ging mehr und mehr in die Hände der übriggebliebenen 30 oder 40 Priester über; das waren die einzigen verbliebenen Offiziersränge. Langsam aber sicher wurde ihnen klar und wurde ihnen auch von den Engländern begreiflich gemacht, daß sie in die Sowjetunion repatriiert werden sollten. Die verbliebenen Kosaken reagierten mit Hungerstreik, malten Transparente mit Inschriften wie "Besser hier tot als zurück in die UdSSR" und nähten zahlreiche schwarze Flaggen, die sie an ihren Zelten sowie an ihren Lagergrenzen aufstellten. Die russisch-orthodoxe Liturgie wurde in den vielen Zeltkirchen im Gebiet von Lienz ohne Unterlaß gelesen. Am Nachmittag des 30. Mai begannen die Briten mit den Vorbereitungen für den ersten Transport. Ausgewählt hatten sie das Lager der Kaukasier, einige Kilometer östlich von Lienz. Die Engländer nahmen an, daß bei den Kaukasiern am wenigsten Widerstand zu erwarten sei, da diese der Sowjetunion nicht so feindlich gesinnt waren wie die Kosaken. Einige der Kaukasier hatten sich sogar bereit erklärt, freiwillig heimzukehren. Widerstand gab es dann tatsächlich nicht; 1.737 Kaukasier wurden am Nachmittag des 31. Mai den Sowjets bei Judenburg übergeben, am nächsten Tag die restlichen 1.414 Menschen.

Neben den Kaukasiern wurden am 31. Mai auch die etwa 7.000 Kosaken aus dem XV. Kosaken-Kavallerie-Korps übergeben, die sich ebenfalls dem Transport nicht widersetzen, da diese gänzlich über das ihnen Bevorstehende im Ungewissen gelassen werden konnten. Die Übergabe des Haupttrosses der Kosaken aus dem Gebiet von Lienz sollte ursprünglich auch am 31. Mai beginnen, aber auf Verlan-

Der Kosakenfriedhof von Lienz

gen der sowjetischen Behörden wurde ein Tag Aufschub eingelegt, denn die Sowjets hatten mit den bereits übergebenen 8.000 Menschen alle Hände voll zu tun.

Am Morgen des 1. Juni 1945 begann in allen Lagern gleichzeitig die Repatriierung. Die Menschen wußten, was ihnen bevorstand, wenn sie in die Sowjetunion zurückkehrten – im besten Falle jahrzehntelange Inhaftierung. Bei der Auflösung vieler Kosakenlager, der Verladung sowie dem Transport nach Judenburg gab es seitens der britischen Soldaten Gewaltanwendung. Von Schlägen, Schüssen in die Luft, Verladung der Menschen auf die Lastkraftwagen mit Gewalt ist hiervon in allen Berichten die Rede. Erschütternd und stellvertretend für alle Ereignisse an diesem Tage sollte die Verladung der ca. 8.000 Kosaken, darunter fast 4.000 Frauen und 2.500 Kindern sein, die unmittelbar bei Lienz lagerten, dem Lager, welches unter der Kontrolle des Batallions der Argyll and Sutherland Highlanders stand. Am Vorabend des 1. Juni hatten sich die Geistlichen in diesem Lager entschlossen, die Kosaken in der Nacht zu einem gewaltigen Gottesdienst unter freiem Himmel zusammenzurufen. Sie waren der Ansicht, daß die Durchführung einer derartigen religiösen Zeremonie den moralischen Druck auf die Briten erhöhen und dadurch den Abtransport verhindern würde. Fast die Hälfte der sich in dem Lager befindlichen Menschen versammelten sich am frühen Morgen um einen auf einer hölzernen Plattform errichteten Behelfsaltar, um dieser Messe beizuwohnen. Um den Kreis der annähernd 4.000 Menschen bildeten am Rand die Männer eine Schutzkette, um die anderen zu verteidigen. Die Menschen bildeten eine feste Masse, die auf den Knien hockend mit ineinander verschränkten Armen im Gebet fortfuhren. Die Versuche der britischen Soldaten, sich einzelne Personen herauszugreifen, um an ihnen ein Exempel zu statuieren und sie sodann wegzuzerren, was in anderen Lagern zu Erfolg geführt hatte, scheiterte hier. Den Engländern gelang es, einen Teil der Menschen von den anderen abzudrängen, und mit der Verladung auf die Lkw's zu beginnen. Panik machte sich zwischen den Menschen breit; der sich schließende Ring wurde dabei durchbrochen. Die britischen Soldaten mußten hierbei zweifellos Gewalt anwenden. Mit Gewehrkolben schlugen sie auf die Menschen ein, Schüsse wurden abgegeben...

Ein kosakischer General, Wjatscheslaw Naumenko, beschreibt in seinem 1970 erschienenen Buch "Der große Verrat" (New York):

"Die Soldaten schlugen den Kosaken mit den Kolben auf den Kopf. Das Blut spritzte, und als die Männer das Bewußtsein verloren hatten, hoben die Soldaten sie auf und warfen sie auf die Lastwagen..."

Nicholas Bethell versucht in seinem Buch eine dezidiertere Beschreibung der Ereignisse zu finden, indem er durch Befragung der an diesen Aktionen beteiligten britischen Soldaten ein Mosaik zusammenstellte. Aber eines ist eindeutig. Diese Aktion der britischen Soldaten gleicht nicht etwa einer Polizeiaktion, wie zum Beispiel das Auseinandertreiben von Demonstranten am Grosvenor Square, wie es der kommandierende Oberst Alec Malcolm in späteren Rechtfertigungsversuchen schilderte.

Über den Umfang und die Folgen der Gewaltanwendung britischer Soldaten während der Auslieferung wird heftig gestritten. Sämtliche Berichte und Quellen sind sich einig darüber, daß eine ungeheure Anzahl von Selbstmorden stattfand, weil Familienväter ihre ganzen Familien auslöschten, nur um zu verhindern, daß diese in die Hand der Sowjets fallen. Ebenso herrscht Einigkeit darüber, daß Menschen ums Leben gekommen sind, die durch die ausgelöste Panik der Aktion niedergetrampelt und erstickt wurden. Auch ist – entgegen der Ausführungen von Bethell – nicht auszuschließen, daß Menschen durch unmittelbaren Waffengebrauch englischer Soldaten bei der Auslieferungsaktion selbst getötet worden sind. Genaue Zahlen sind nicht überliefert. Widersprochen werden muß jedoch Darstellungen, wie die eines Hellmut Diwald, der von 160.000 ausgelieferten Menschen spricht, von denen sich 500 in die Drau geworfen haben sollen, und weitere 2.000 durch englische Panzer vor dem Abtransport erschossen worden sein sollen. Derartige Zahlen und Darstellungen sind unseriös. Im Höchstfall lagerten insgesamt 40.000 Menschen in Osttirol – einschließlich der Kaukasier. Diese Darstellungen sind politisch motiviert und gefälscht wie auch die eines Dieter Wenck, Historiker der DDR vor dem Sturz des SED-Regimes, der davon spricht, daß lediglich 35 Exil-Generäle sowie 2.000 Offiziere und Soldaten "faschistischer Kosakentruppen" an die Sowjetunion ausgeliefert wurden. Die meisten der ausgelieferten Menschen werden in der Sowjetunion unmittelbar hingerichtet oder in sibirische Lager verfrachtet, wo die Mehrheit von ihnen ebenfalls sterben wird. Es ist nicht einer Diskussion würdig, wie viele Menschenleben auf Kosten der die Repatriierung einleitenden Maßnahmen zurückzuführen sind. Es kann dahinstehen, ob die Schuld der verantwortlichen westalliierten Politiker darin besteht, daß sie in Jalta ein Abkommen unterzeichneten, welches sie dazu verpflichtete, Menschen an die Sowjetunion auszuliefern, die dort der sichere Tod erwartete, oder bei der Auslieferung selbst ums Leben kamen. Das Grauenvolle an diesen Ereignissen ist, daß es in der Mehrheit Menschen waren, die noch nicht einmal auslieferungspflichtig waren. In Lienz gibt es heute einen Friedhof mit 27 Gräbern. Die Zahl der bei der Auslieferungsaktion Umgekommenen wird jedoch mit Sicherheit höher sein. Der 1. Juni 1945 in Lienz setzte einen Endpunkt in der Geschichte eines Volkes – der Geschichte der Kosaken. Als Volk haben diese Menschen aufgehört zu existieren; verzweifelt versuchen sie, in der westlichen Welt Traditionen und die Erinnerung an die eigene Identität zu wahren.

Der Untergang

Bis zum 7. Juni 1945 werden die Deportationen fortgesetzt, bis zu diesem Tage sind ca. 35.000 Kosaken ausgeliefert worden, davon 20.000 aus Domanovs Einheiten im Drautal. Was genau mit den ausgelieferten Kosaken nach der Übergabe an die Sowjets bei Judenburg geschah, läßt sich nicht beweisen. Glaubwürdige Berichte von britischen Soldaten sprechen davon, daß umfangreiche Erschießungen von Gefangenen unmittelbar bei Judenburg stattgefunden haben müssen. Der Rest wurde weiter transportiert; die ranghöchsten Generäle, darunter Pannwitz, Krasnow, Domanov, Schkuro in die Ljubljanka, dem Gefängnis des NKWD in Moskau. Der Rest nahm den weiten Weg der sibirischen Eisenbahn in Richtung der Provinz Kemerowskaja unmittelbar südlich von Tomsk, 1.200 Kilometer östlich von Moskau. Das Leben in diesen Lagern ist in Alexander Solchenyzins Archipel Gulag detailliert beschrieben worden und vermittelt ein genaues Bild des Schreckens. Es sind nicht viele der Kosaken aus diesen Lagern zurückgekehrt. Im Verlaufe der beiden Jahre nach Stalins Tod, der am 5. März 1953 starb, wurden Amnestien erlassen. Man nimmt an, das von den ehemals 1.500 inhaftierten Kosakenoffizieren ganze 70 freigelassen wurden und nach Westeuropa ausreisen durften. Von den 35.000 Kosaken, darunter Frauen und Kinder, werden ca. ein Viertel Erschießungen und Lagerhaft überlebt haben, dann jedoch auf das Gebiet der gesamten Sowjetunion verteilt wurden; nie mehr dazu in der Lage, ein einheitliches Volk zu bilden. Den in Moskau inhaftierten Generälen – ihnen wird der Prozeß gemacht. Am 17. Januar 1947 veröffentlichte die Prawda folgende "Bekanntmachung des Militärkollegiums des obersten Gerichtes der UdSSR":

"Das Militärkollegium des obersten Gerichtes der UdSSR erkannte in der Anklage der inhaftierten Agenten des deutschen Nachrichtendienstes, der Befehlshaber bewaffneter weißgardistischer Abteilungen während des Bürgerkrieges, den Ataman Krasnow, P.N., den Generalleutnant der weißen Armee Schkuro, A.G., den Kommandeur der Wilden Division, den Generalmajor der weißen Armee Fürst Sultan – Gerej Kelitsch, den Generalmajor Krasnow, S.N., und den Generalmajor der weißen Armee Domanov, T.J., und ebenso den General der deutschen Armee, den SS-Angehörigen von Pannwitz, Helmuth – schuldig dessen, daß sie im Auftrag des deutschen Nachrichtendienstes in der Zeit des vaterländischen Krieges mittels der von ihnen gebildeten weißgardistischen Truppen den bewaffneten Kampf gegen die Sowjetunion geführt und aktive Spionage, Diversion und Terror in der UdSSR verbracht haben. Alle Beschuldigten haben sich der ihnen zur Last gelegten Verbrechen für schuldig erklärt. Übereinstimmend mit dem § 1 der Verordnung des Präsidiums des Obersten Sowjet der UdSSR vom 19. April 1943 hat das Militärkollegium des obersten Gerichts der UdSSR die Angeklagten Krasnow, P.M., Schkuro, A.G., Sultan-Gerej Kelitsch, Krasnow, S.N., Domanov, D.J., und von Pannwitz, Helmut, zum Tode durch den Strang verurteilt. Das Urteil wurde vollstreckt."

Von diesen sechs Männern, deren Hinrichtung öffentlich bekannt gemacht wurde, wäre nur einer, nämlich Domanov, gemäß dem Abkommen von Jalta repatriierungspflichtig gewesen. General von Pannwitz war Deutscher, auch die anderen vier, darunter Gerej, Führer der Kaukasier, waren niemals in der Sowjetunion gewesen; Schkuro sogar englischer Staatsangehöriger. Die Hinrichtung fand auf dem Roten Platz in Moskau statt, dem Platz, auf dem Jahrhunderte vorher schon die Kosakenrebellen Pugatschow und Stenka Rasin von Katharina der Großen hingerichtet worden sind.

Somit endet die Geschichte der Kosaken als Volk im Jahr 1945. Ein Volk, verstreut über riesige Landflächen. Nicht miteinander zusammenhängend, jedoch vereint durch gemeinsame Traditionen, Lebenseinstellungen, dem Drang nach Unabhängigkeit sowie dem Wunsch nach Selbständigkeit. Der Begriff Kosaken ist bis heute nicht vergessen. Er wird gleichgesetzt mit russischer Folklore oder einer nebelhaften Erinnerung an zaristische Polizeieinheiten. Aber das Kosakentum war mehr. Dies verdeutlicht sich auch in den Gesängen und Balladen, weswegen das kosakische Emigrantentum immer versucht, diese Kunst zu überliefern und anderen Menschen näher zu bringen – um das Volk der Kosaken nicht in Vergessenheit geraten zu lassen. Die Zeiten der großen Chöre, die der Donkosaken und die der Schwarzmeerkosaken sind vorbei. Erinnert werden soll an dieser Stelle an die kürzlich verstorbenen Gallionsfiguren der großen Chöre; des Dirigenten des Original Don Kosaken Chores,

Serge Jaroff und des ehemaligen Solisten der Schwarzmeer-Kosaken und späteren musikalischen Leiters des Ural-Kosaken-Ensembles, Michail Minsky. Die Traditionen zu bewahren, versuchen auch heute noch kleinere Ensembles, die hauptsächlich – als Ausdruck ihrer Verbundenheit mit der russisch-orthodoxen Kirche – in Kirchen auftreten; so zum Beispiel die Original Schwarzmeer Kosaken. Im letzten Jahrzehnt dieses Jahrhunderts kündigte sich in ganz Europa eine Entwicklung an, welche die Chance eröffnete, daß trennende Grenzen verschwinden. Verbunden mit dem Wunsch der Völker nach Selbstbestimmung. Völkern, die jahrzehntelang ohne eigene Identität einer Zentralgewalt unterworfen waren – seien es Esten, Letten, Litauer oder Ukrainer.

Vielleicht wird doch noch eine Vision Wirklichkeit, daß auch Raum geschaffen wird für ein Volk, welches bis heute eigene Selbständigkeit nie erfahren durfte – das Volk der Kosaken.

Original Don-Kosaken-Chor Serge Jaroff, 1923

Original Don-Kosaken-Chor Serge Jaroff, 1970

URAL KOSAKEN CHOR
URALS COSSACK CHOIR
CHOEUR des COSAQUES DE L'OURAL

1957

Dirigent Andrej Scholuch
Dirigent Andrew Sholukh
Dirigent Andrée Choloukh

Der Schwarzmeer Kosaken-Chor und sein Dirigent Sergej Horbenko im Jahre 1956

Der Schwarzmeer-Kosaken-Chor
und sein Dirigent
Prof. Sergej Horbenko

Le Choeur des Cosaques
de la Mer Noire et son dirigent
Prof. Sergej Horbenko

1957

Original Schwarzmeer Kosaken, 1995

Die Biographie der Schwarzmeer-Kosaken

Nach dem ersten Weltkrieg entstanden außerhalb Russlands einige Kosakenchöre, die dank ihrer vollendeten Gesangskunst und dem Melodienreichtum ihrer heimatlichen Lieder sehr schnell eine treue und ständig wachsende Hörergemeinschaft fanden. So *entstand 1930 unter Boris Ledkovsky* der *Original Schwarzmeer Kosaken-Chor* in Berlin.

Boris Ledkovsky, der Gründer und erste Dirigent des *Schwarzmeer Kosaken-Chores,* stellte seinem Ensemble zwei Aufgaben: einmal sollte es in öffentlichen Chorkonzerten das russische Volks- und Kunstlied pflegen, zum anderen in seiner Eigenschaft als Synodal-Chor der Orthodoxen Kirche in Deutschland die Gottesdienste feierlich gestalten und in einer Reihe kirchlicher Feierstunden den geistlichen Liedern der Ostkirche einen Freundeskreis erschließen. Beide Aufgaben stellten an Chor und Dirigenten grundverschiedene Anforderungen. Die sichere Beherrschung beider Themenkreise hat den Chor jene unerreichte Prägnanz, souveräne Meisterung aller Tempi und stimmlichen Nuancen gewinnen lassen, die seinen Ruf als Spitzenchor bis heute begründet und gesichert hat.

Als Herr Ledkovsky *im Jahre 1951* einer ehrenvollen Berufung in die USA Folge leistete, um in New York eine Professur an der Gesangsakademie, die Leitung des Dirigentenseminars und die Stelle des Dirigenten bei dem berühmten Metropoliten-Chor zu übernehmen, wurde *Andrej Scholuch,* der bis dahin ein anderes Ensemble geleitet hatte, *musikalischer Leiter* des Chores.

Im Einvernehmen mit *Herrn Ledkovsky* übertrug die Bruderhilfe Lemgo, deren Patronat der Chor für die Zeit des Wirkens seines Gründers und ständigen Leiters in den USA anvertraut war, *im Jahre 1955 die musikalische Leitung* des Schwarzmeer Kosaken-Chores den bewährten Händen von Herrn *Sergej Horbenko,* vormals Dirigent der Kiewer Oper und Professor an der Musikhochschule Kiew.

Dem unermüdlichen Einsatz des Theologen Nikolai Orloff – Mitbegründer des Chores – hat dieser seine zahlreichen Kirchenkonzerte zu verdanken, die unter dem Patronat der Bruderhilfe der Lippischen Landeskirche standen. Diese **übertrug im Jahre 1967 sämtliche Rechte des Schwarzmeer Kosaken-Chores** auf deren Leiter **Nikolai Orloff**. Nach dessen Tod hat sein Sohn **Peter N. Orloff** neben **Toma Pitkov** die Leitung inne.

Ständige Neueinstudierungen aus dem reichen Schatz russischer Lieder ermöglichen es dem Chor, seine großen Tourneen durch Deutschland und Europa mit einem stets wechselnden Programm durchzuführen. Seine Aufgabe dagegen bleibt unverändert: die schönen russischen Melodien zur Freude des Hörers erklingen zu lassen und Zeugnis abzulegen vom Geiste jenes alten unvergänglichen Russlands, das oft über dem Tagesgeschehen in Vergessenheit gerät.

Zeittafel

1462 - 1505	*Iwan III. (der Große) - erster „Selbstbeherrscher von ganz Rußland" (Zar), bildet mit Hilfe zuziehender Bojaren das Moskowiter Reich in einen nationalen Einheitsstatt um*
1530 - 1584	*Iwan IV. (der Schreckliche) - ließ sich 1547 zum Zaren krönen, um die Allherrschaft und seine Stellung als Schutzmacht des Christentums zu demonstrieren, unter ihm beginnt die Eroberung Sibiriens*
1581 - 1584	*Hetman Jermak durchquert Westsibirien bis zum Irtytsch; Eroberung des Chanats Sibir (1582)*
1648	*Simon Deshnjew entdeckt die Bering-Straße*
1667 - 1671	*Kosakenaufstand des Stenka Rasin*
1672 - 1725	*Zar Peter I. (der Große) - reformiert die Verwaltung und das Herr nach westeuropäischem Vorbild - Rußland löst Schweden als europäische Großmacht ab (Schlacht bei Poltawa 1709)*
1729 - 1796	*Katharina II. (die Große) - vollendet die Eingliederung der Kosaken in das russische Herrschaftssystem, zerschlägt den Aufstand Pugatschows (1773 - 1774) und bezwingt 1775 die Saporoger Kosaken*
1818 - 1881	*Alexander II. - beendet den Krimkrieg und hebt 1861 die Leibeigenschaft auf*
1894 - 1917	*Nikolaus II. - geht als letzter Zar in die Geschichte Rußlands ein, die sozialen Gegensätze, der russisch-japanische Krieg 1904/1905 und der 1. Weltkrieg führen zur Oktoberrevolution und die Erschießung Nikolaus II. und seiner Familie in Jekatharinenburg 1917*
1918 - 1920	*Russischer Bürgerkrieg, Pjotr Krasnow gründet Kosakia*

1919 - 1921	*polnisch-russischer Krieg, Budjonny dringt bis Warschau vor*
1939	*Beginn des 2. Weltkrieges durch deutschen Angriff gegen Polen*
1941	*deutscher Überfall auf die Sowjetunion*
1942	*Helmuth von Pannwitz (1898 - 1945) wird mit der Aufstellung der I. Kosaken-Kavallerie-Division beauftragt*
1944	*Verlegung der Kosakenverbände nach Nord-Italien und Jugoslawien*
1945	*Ende des 2. Weltkrieges, Auslieferung der Kosaken an die Sowjetunion*

Die letzten Tage
1945

4. - 11. Februar	Konferenz von Jalta
9. April	Beginn der alliierten Offensive in Norditalien
19. April	Durchbruch der Gotenlinie
29. April	Domanov und Krasnov geben Befehl zum Rückzu nach Österreich
8. Mai	Die Kosakenverbände erklären ihre Kapitulation in Tolmezzo
9. Mai	Inkraftreten der Generalkapitulation danach: Internierung der Kosakenverbände unter britischem Befehl, Wahl von Pannwitz zum Feldataman
28. Mai	Übergabe der Offiziere des XV. Kavallerie-Korps an die Sowjetarmee in Judenburg a.d. Mur, darunter Helmuth von Pannwitz
28. Mai	Große Konferenz in Spittal
29. Mai	Übergabe der Offiziere der Kosakenverbände, darunter Domanov
1. Juni	Der Tag von Lienz, erster Tag der Übergabe der Kosaken

Eintönig klingt das Glöckchen

(Glinka)

. . . und Staub steigt den Fahrweg entlang,
und wehmutsvoll über den Fluren
trägt der Wind des Fuhrmanns Gesang.

Wieviel Seele enthält diese Weise,
wieviel Gram dieser Heimatklang!
In der Brust, die kalt und verhärtet,
ward das Herz mir so weich und so bang.

Und ich dachte an andere Nächte,
an der Heimat Auen und Wald.
Aus den Augen, den längst schon versiegten,
brechen Tränen mit Gewalt.

Eintönig klingt das Glöckchen,
schnellt im Wind in die Ferne hinaus.
des Fuhrmanns Gesang ist verklungen,
und mein Weg zieht mir endlos voraus.

Michail Glinka wurde am 1.6.1804 in Nowospasskoje (Smolensk) geboren. Er schrieb vom Volkslied ausgehend die ersten russischen Nationalopern „Ein Leben für den Zaren" (1836) und „Russland und Ludmilla" (1842). Gestorben am 15.2.1857 in Berlin. Glinka zählt zu den bedeutendsten russischen Komponisten.

Dnjeprlied

(Ukrainisches Volkslied)

Ukrainische Nacht. Es tost und stöhnt der breite Dnjepr. Der blasse Mond zeigt sich von Zeit zu Zeit in den Wolken, wie ein Kanu im See. Noch war nicht der dritte Hahnenschrei zu hören, und jetzt herrscht überall Schweigen. Die Käuzchen hatten sich im Tal zugeschrien, und die alte Esche knarrte. Der Dnjepr stöhnt und fließt weiter zum See.